SPARKNOTES™

죽음으로 이르는 병

Sickness Unto Death

소렌 키에르케고르

다락원 | Spark Publishing

SPARKNOTES™ 030
죽음으로 이르는 병

펴낸이 정규도
펴낸곳 (주)다락원

초판 1쇄 인쇄 2010년 1월 27일
초판 1쇄 발행 2010년 2월 4일

책임편집 안창열
디자인 정현석
번역 최기철
표지삽화 손창복

다락원 경기도 파주시 교하읍 문발리 509-1
내용문의: (031)955-7272(내선 400)
구입문의: (02)736-2031(내선 112~114)
Fax: (02)732-2037
출판등록 1977년 9월 16일 제300-1977-23호

Copyright ⓒ 2010, 다락원

출판사의 허락 없이 이 책의 일부 또는 전부를
무단 복제·전재·발췌할 수 없습니다.
잘못된 책은 바꿔 드립니다.

값 7,000원

ISBN 978-89-5995-195-6 43740

http://www.darakwon.co.kr
일이관지(一以貫之) 논술팀이 제시한 실전 연습문제 답안작성
논술가이드는 www.darakwon.co.kr에서 무료 제공합니다.

세계의 교양을 읽는다

고전을 왜 읽는가?

인간의 삶과 세상에 대한 영원한 물음이 있기 때문이다. 시대와 사상을 뛰어넘어 지금 여기 우리에게 필요한 물음이 없는 고전은 더 이상 고전이 아니다. 인간과 삶에 대한 근원적인 물음 없이 고전을 읽는다면 자신과 인간에 대한 성찰과 지혜로 이어지지 않는다. 논술 시험 때문에, 과제물 때문에, 아니면 남들이 읽으니까, 나도 읽는다는 식이라면 그 책은 죽은 책일 수밖에 없다.

고전을 살아 있는 책으로 만드는 이 '물음!'에 답하기 위해서는 좋은 길잡이가 필요하다. 오랜 기간 동안 미국의 고교생과 대학 주니어들이 시험, 에세이 작성, 심층토론 준비를 위해 바이블처럼 애용해온 'SPARKNOTES'와 'CliffsNotes'는 바로 그런 좋은 길잡이의 표본이다. 이 두 시리즈가 원조 논술연구모임인 '일이관지(一以貫之)' 팀의 촌철살인적 해설을 곁들여 논술로 고민중인 대한민국 학생 여러분을 찾아간다.

SPARKNOTES와 CliffsNotes의 가장 큰 장점은 방대하고 난해한 고전을 Chapter별로 요약하고 분석해서 원전의 내용에 보다 쉽고 체계적으로 접근하는 신속·간편성이라고 할 수 있다. 여기에 '一以貫之' 팀이 원전의 중요한 문제의식, 즉 근원적 '물음'은 무엇이며, 그 '물음'은 오늘날에도 여전히 유효한가, 라는 질문을 다시 던진다.

대입논술로 고민하고, 자칭 타칭의 고전이 넘쳐나는 오늘의 독서풍토에서 지적 정복이 긴박한 대한민국 학생들에게 감히 이 시리즈를 자신있게 권한다.

—以貫之 논술연구모임 연구실장 이호곤

차례

이 책의 구성

SPARKNOTES와 CliffsNotes는 방대하고 난해한 원작을 보다 쉽게 이해할 수 있도록 돕는 안내서입니다. 여기에는 원작 이해를 돕기 위해 매 장마다 '요점 정리(또는 줄거리)'와 '풀어보기'가 실려 있습니다. '요점 정리(또는 줄거리)'에는 원저의 내용을 일목요연하게 정리해 놓아 저자가 전달하려는 내용을 어렵지 않게 파악할 수 있습니다. '풀어보기'에서는 철학서의 경우, 원저에 담긴 저자의 사상이나 관련 철학, 시대 상황, 논점 등을, 문학 작품인 경우에는 원작에 담긴 문학적 경향, 등장인물의 심리상태, 주제 등을 설명해 놓았습니다. 분석적이고 비판적인 글읽기의 바탕이 되는 요소들이죠. 비소설이나 소설을 막론하고 분석적이고 비판적인 글읽기는 독자에게 꼭 필요한 자질입니다.

그밖에도 원저를 좀더 깊이 복습해서 제대로 소화할 수 있도록 돕기 위해 'Study Questions'와 'Review Quiz' 등을 마련해 놓았습니다.

* 〈 〉는 철학서, 장편소설, 중편소설, 수필집, 시집. " "는 단편소설, 논문
* 작품명은 독자의 이해를 돕기 위해 예외적인 경우를 제외하고는 영어식으로 표기함.

◉ 일이관지(一以貫之) 논술노트

권말에는 일이관지 논술팀에서 작성한 논술노트가 실려 있습니다. 원저를 우리의 삶과 연계시켜 비판적 사고와 논리적 글쓰기의 방향을 제시합니다.

◉ 실전 연습문제

논술예제와 기출문제를 통해서는 원작을 바탕으로 출제 가능성이 높은 논점을 함께 숙고해 봅니다.

간추린 명저 노트

소렌 키에르케고르(Soren Kierkegaard. 1813-55)는 생전에 비해 사후에 더 유명해진 인물이다. 그러나 그의 생애를 자세히 들여다보더라도 그를 사후에 그토록 유명해지게 만들 만큼 특이한 점은 별로 눈에 띄지 않는다. 약간 곱사등이였던 것으로 보이는 키에르케고르는 자주 침울한 기분에 빠지고, 그다지 즐거워할 줄 모르는 좀 유별난 사람으로서 주로 코펜하겐 거리를 배회하거나 좀 특이하다고 할 만한 철학 서적 집필로 시간을 보냈으며 아버지가 물려준 막대한 유산으로 생활하면서 그 책들을 자비로 출간했다. 주로 덴마크어로 저술된 그의 책들은 외국에서는 그다지 알려지지 않아 많이 읽히지 못했다.

키에르케고르는 당시 덴마크 사람들의 일반적인 견해나 영향력을 지닌 사람들의 글들에 대한 생각을 밝히기 위해 글을 썼으나 그의 철학을 진지하게 받아들인 사람은 별로 없었다. 다만 그가 세상을 떠나기 얼마 전 코펜하겐에서 발행되는 한 신문이 그를 조롱하는 만평을 몇 차례 내보내면서 덴마크 사람들의 웃음거리가 되었을 뿐이다.

그러나 우여곡절 끝에 20세기 초반, 외국의 뛰어난 철학자들—루드비히 비트겐슈타인, 마르틴 하이데거, 프란

츠 카프카, 카를 바르트, 장 폴 사르트르, 알베르 카뮈 등—
이 그의 저술들에 흥미를 느꼈고, 모두들 그를 자신들 사상
의 선구자로 여겼다. 즉 키에르케고르의 철학을 서양 철학
사에서 하나의 중요한 철학 사조로 인정했다.

철학 사조의 관점에서 보면, 키에르케고르의 사상은
프리드리히 헤겔의 사상과 극단적으로 대립한다. 헤겔은 종
교와 윤리에 대한 특정한 사상들을 낳은 역사적 과정을 면
밀히 분석함으로써 종교적 진리와 윤리적 진리에 관한 지
식을 얻을 수 있다고 주장한 반면, 키에르케고르는 외부 세
계에 대한 지식은 신과 도덕에 대한 인간의 내적 직관에 비
하면 언제나 불확실하다고 주장하면서 개개인에게 신에 대
한 믿음을 추구하라고 촉구한다.

키에르케고르의 사상은 20세기 그리스도교 신학에 많
은 영향을 주었지만, 다른 한편으로는 신을 믿지 않는 사상
가들에게도 중대한 영향을 미쳤다. 예를 들면, 사르트르와
카뮈 같은 '실존주의*' 철학자들은 키에르케고르의 개인적
인 믿음에 대한 전념은 높이 평가하면서도 그의 그리스도

---

* **실존주의**(existentialism): 인간 존재는 개념에 의해 규정되기에 앞서 실존하고 이어 스
스로 생각하고 행위함으로써 자기 자신을 만들어간다는 인간의 주체적 존재성을 강조
하는 철학. 그 특징은 개인적 인간 존재에 관심을 갖고, 객관적 진리보다 주관적 경험을
중시하며, 개인의 자유를 가장 중요한 인간적 특징으로 꼽는다. 따라서 실존주의자들
은 개별적 인간이 구체적인 상황 속에서 어떻게 행동하느냐에 관심을 쏟는다. 키에르케
고르, 프리드리히 니체, 하이데거, 카를 야스퍼스, 사르트르, 카뮈 등. 19세기의 합리주
의적 관념론이나 실증주의를 비판하며 나타났다.

교에 대한 헌신은 거부했다.("전체적인 분석과 주제" 참고)

키에르케고르의 말년 저술 가운데 하나인 〈죽음으로 이르는 병 *The Sickness Unto Death*〉은 그가 세상을 떠나기 불과 여섯 해 전인 1849년에 간행되었는데, 그의 그리스도교 신앙을 분명하면서도 간결하게 보여주고 있다.

| **Who's who** |

루드비히 비트겐슈타인(Ludwig Wittgenstein. 1889-1951): 오스트리아 출신 영국 철학자. 철학이란 해결할 수 없는 문제에 대한 논의가 아니라 낱말들의 사용을 기술하는 것이므로 언어를 명료하게 쓸 수 있다면 인간 세계의 인식을 둘러싼 모호한 문제들이 해소된다고 주장했다. 주요 저서는 〈논리철학 논고〉 등.

마르틴 하이데거(Martin Heidegger. 1889-1976): 독일 실존철학자. 인간 존재 뒤에 영원불변의 뭔가가 있다는 형이상학을 비판하고, 불안, 심려, 죽음, 양심 등, 실존에 관계되는 여러 양태를 조직적·포괄적으로 연구했다. 주요 저서는 〈존재와 시간〉 등.

프란츠 카프카(Franz Kafka. 1883-1924): 유태계 체코 실존주의 작가. 인간 존재의 불안을 통찰하고 현대인의 실존적 체험을 극한까지 표현했다. 주요 작품은 〈변신〉 등.

카를 바르트(Karl Barth. 1886-1968): 스위스 개신교 신학자. 신학의 기능은 하나님의 백성들에게 교회와 세상에서 책임을 다하도록 촉구하는 것이라고 주장했다. 주요 저서는 〈로마서 주해〉 등.

장 폴 사르트르(Jean-Paul Sartre. 1905-80): 프랑스 철학자, 작가. 인간의 본질을 결정하는 신은 존재하지 않으므로 개인은 스스로 인간의 존재 방식을 선택하도록 운명지워져 있다고 주장했다. 1964년 노벨상 수상 거부. 주요 저서는 〈존재와 무〉, 〈구토〉 등.

알베르 카뮈(Albert Camus. 1913-60): 프랑스 소설가, 극작가, 수필가. 작가이자 지식인은 자기 시대의 정치적·사회적 상황과 역사를 멀리해서는 안 된다는 신념을 지녔으며, 어떤 이념에 치우치지 않는 인류 전체와의 연대를 강조했다. 1957년 노벨문학상 수상. 주요 작품은 〈이방인〉, 〈시지프 신화〉 등.

키에르케고르는 서문에서부터 좀 색다른 이야기를 한다. 종교적인 문제를 다루는 교화적인 책은 아무래도 내용이 딱딱하고 학술적이어야 한다고 생각하는 사람들이 있을지 모르겠지만, 오히려 독자를 개인적인 차원에서 끌어들일 수 있도록 노력해야 한다고 말하는 것. 서론에서도 종교 문제를 다루는 책은 '병상에 임한 의사 같은 자세를 취해야 한다면서 사람들이 '죽음으로 이르는 병'—사후에 그리스도가 약속했던 영원한 생명 대신, 영적인 공백 상태에 이를 것에 대한 두려움—을 스스로 치유하도록 도와야 한다고 덧붙인다.

제1부는 '절망'이 '죽음으로 이르는 병'이라고 설명한다. 인간은 영적이고 육체적인 요소들의 '종합'인데, 그 요소들 사이의 잘못된 관계가 절망이다. 절망을 해소하는 방법은 각자가 '자신을 존재하게 만든 힘(즉 신)'과 올바른 관계를 맺는 것이다. 인간은 세상의 현실 때문에 절망하는 것처럼 보이지만, 사실 절망은 각자에게 책임을 물어야 하는 내면적인 문제다.

절망은 도처에 널려 있다. 우리는 절망하고 있으면서도 그것을 모를 수 있다. 도가 지나친 공상, 물질적 여건에 대한 지나친 염려, 엄청난 가능성에 대한 생각이나 선택권의 결여감 등 때문에 절망할 수도 있다. 절망에도 자신이기를 바라지 않는 약한 절망에서부터 완전하게 자기 자신에게 만족하는 '반항적인' 절망에 이르기까지 여러 형태와 서열이 있다.

제2부는 그리스도교의 신학적 개념을 동원하여 절망은 죄라고 설명한다. 그리스도는 믿음이 절망을 해소하는 길이라고 가르쳐주었다. 일단 이런 계시를 받은 우리가 그 가르침을 무시하고 계속 절망에 빠져 있는 것은 죄다. 절망의 형태에도 서열이 있듯이 죄에도 종교적 진리에 대한 무관심부터 그 진리에 도전하며 받아들이기를 거부하는 죄에 이르기까지 여러 형태의 서열이 있다. 죄는 자신의 죄에 지나치게 집착하는 죄에 대한 절망, 자신의 죄는 용서받을 수 없다고 생각하는 죄의 용서에 대한 절망, 그리고 최악인 그리스도교를 진리가 아니라고 무시하는 그리스도의 가르침에 대한 절망 등의 형태로 악화될 수 있다.

● **변증법** dialectics | 대화와 비교를 통해 사상을 전개해 나가는 과정. 원래 소크라테스가 그리스 시민들과 나눴던 대화를 수록한 플라톤의 저술들을 가리키기 위해 쓰였으나 헤겔 철학에서 새롭고 현대적인 의미를 얻었다. 헤겔은 개념이나 관념은 독자적으로 존재하지 않고 반대 개념과의 역동적인(또는 '변증법적인') 관계에서 발전된다고 주장했다. 예를 들면, '희다'는 개념은 '검다'는 반대 개념이 없이는 존재할 수 없는 개념이다. 따라서 '희다'는 개념에 어떤 변화가 생기면 반드시 '검다'는 개념에도 변화가 일어난다. '희다'는 개념이 순수함과 명백함을 상징한다면, '검다'는 개념은 사악함과 혼란을 상징하게 되는 것. 헤겔은 종종 자신의 저술들에서 역사의 흐름을 통해 우리의 관념을 발전시킨 변증법적 과정을 분석하려고 했다. 키에르케고르는 이 용어를 〈죽음으로 이르는 병〉에서 몇몇 사상들 사이의 관계를 설명하기 위해 사용하고 있으며, 변증법적으로 발전한 개념들의 예도 제시하고 있다.(서론 '풀어보기' 참고)

● **프리드리히 헤겔** Georg Wilhelm Friedrich Hegel(1770-1831) | 칸트 철학을 계승한 독일의 관념철

학자. 사람들의 관념은 그들이 살고 있는 사회로부터 발전
되며, 민주주의, 인권, 입헌정체에 관한 근대 사회의 관념들
은 오랜 역사적 과정의 정점이라고 믿으면서 역사의 의미
를 체계적으로 설명하려고 했다. 저서들 몇 곳에서 헤겔을
들먹이며 자신의 주장을 펼치는 키에르케고르는 헤겔 철학
의 비판자로 알려져 있다. 주요 저서는 〈법철학 *Philosophy
of Right*〉, 〈정신현상학 *Phenomenology of Spirit*〉 등.

● **가명** pseudonym | 저자가 작품을 출판할 때 사용하는
'가짜 이름', 즉 필명(筆名). 키에르케고르는 많은 주요 저
서들을 가명으로 출판했는데, 종종 단순한 필명 이상의 의
미를 갖는 경우가 있다. 그 가명들에 저서의 성향을 드러내
는 뚜렷한 개성을 부여했던 것. 독자들이 저자의 명성으로
인해 판단이 흐려지거나 영향을 받는 일이 없이 논증을 좀
더 자유롭게 숙고하도록 만들기 위해 가명을 썼다고 주장
하는 평론가들도 있지만, 그의 저서들을 통해 특징을 파악
하고 있는 독자들이라면 가명 출판된 책들이라고 해도 실
제 저자를 쉽게 알 수 있었을 것이다. 〈죽음으로 이르는 병〉
은 안티 클리마쿠스(Anti-Climacus)의 저술로 되어 있다.
안티 클리마쿠스의 문체는 다른 가명의 저서들에 비해 상
대적으로 간결하고 차분하다. 클리마쿠스(Climacus)란 가
명으로 펴냈던 다른 저서들의 문체가 자유분방하고 감정적

이었던 점을 감안하면, 클리마쿠스 앞에 Anti를 붙여 〈죽음으로 이르는 병〉이 이전 저술들과는 성격이 대비된다는 점을 알리려고 했던 것 같다. 어쨌든 그가 〈죽음으로 이르는 병〉의 초판에 실제 이름을 '편집자'로 올려놓은 점을 감안하면, 여기 등장하는 관념이나 주장들에 대해 책임을 지겠다는 생각을 가진 것 같다. 그러나 이 책에 관해 글을 쓰는 사람들은 대부분 가명을 무시하고 키에르케고르를 실제 진술자로 생각한다.

● **과학** science | 키에르케고르는 과학이라는 말을 오늘날의 용법보다 넓은 의미로 사용한다. 당시의 철학계에서 가리키는 '과학'은 생물학, 물리학, 그리고 오늘날 소위 과학의 범주에 포함시키는 분야들뿐만 아니라 어떤 분야의 학문에도 사용할 수 있었다. 예를 들면, 철학 자체도 '과학'이라고 칭할 수 있었다. 일반적으로 키에르케고르가 언급하는 '과학,' '학문,' 또는 '추론적'이거나 '체계적인' 사고 등은 대상과 사실들의 세계를 이해하기 위해 어떤 훈련된 방법론을 사용하는 노력을 가리킨다.

'죽음으로 이르는 병'의 의미를 이해하려면 이 책의 마지막 문단을 되새겨볼 필요가 있다. 그 문단은 신앙은 절망의 해결책일 뿐만 아니라 죄의 반대 상태이기도 하다면서 절망, 죄, 신앙의 개념들을 연계시키고 있다.

제1부는 절망에 대해 여러 가지 정의를 내리는 한편, 절망의 다양한 유형을 보여준다. 모든 형태의 절망에는 가장 완전한 의미에서의 인간이 되지 못하고 어딘가 결함이 생겼다는 공통점이 있다. 절망은 절망의 모든 흔적을 없애버리기 위한 결정적 조치를 취하지 않으면 사람들이 알든 모르든 빠지게 되는 일종의 의무태만 상태다.

제1부 A.a.에서 키에르케고르는 절망을 해소하기 위해서는 개개인의 인간을 빚어낸 '힘'—신—과 올바른 관계를 맺을 필요가 있다고 지적한다. 인간을 우주 삼라만상의 근원과 연결시켜야 그 관계가 비로소 우리의 잠재력을 최대한 발휘할 수 있도록 해주리라는 것.

제2부에서는 키에르케고르가 그리스도교를 우리가 신과 사적인 관계를 맺을 수 있는 종교로 이해한다는 사실이 분명해진다. 따라서 그리스도교의 본질은 절망 해소책을 일러주는 것이다.

일단 절망 해소책이 우리에게 드러났음에도 불구하고 여전히 절망에 빠져 있는 것은 단지 불행이 아니라 신의 명령을 위반하는 죄다. 죄는 절망의 심화다. 해소책이 있다는 사실을 알면서도 말려드는 형태의 절망이기 때문이다.

〈죽음으로 이르는 병〉은 사람들에게 신앙을 갖도록 설득하려는 목적으로 썼다고 할 수 있으나 독자로서는 해답보다는 의문점이 더 많이 생겼다는 느낌을 가질지도 모른다. 키에르케고르가 되풀이해서 강조하고 있듯 그리스도교 신앙에 대한 그의 시각은 합리적인 이해를 용납하지 않는다. 신과 개인적인 관계를 맺는다는 말은 무슨 뜻인가? 혹시 그런 관계를 맺더라도 그 사실을 어떻게 알 수 있는가? 키에르케고르는 이런 의문점들에 대해서는 답을 하지 못하고 그저 우리 각자의 내면적인 성찰을 통해 스스로 그 문제들을 추구하라고 권할 뿐이다.

그의 글은 많은 독자들에게 좀더 신실한 신앙심을 추구하도록 영감을 주어왔으며, 현대 세계에서 종교가 갖는 역할에 대해 가장 영향력 있는 성찰을 제공한다. 우리 세계를 이해하고 통제하는 도구로서의 과학의 힘이 필연적으로 종교의 필요성을 말살하지는 않는다. 과학은 물질과 사실의 세계를 이해하도록 도와주지만 개인의 양심 문제에 대해서는 어떤 지침도 제시하지 못하고, 어떤 도덕적이거나 종교적인 견해가 옳은 것인지도 알려주지 못한다. 이 같은 키에르케고르의 주장은 20세기 그리스도교 신학에 결정적으로 중요한 영감을 제시할 만큼 커다란 영향을 미쳤다.

이 책에서 키에르케고르는 인간은 알든 모르든 절망에 빠져 있다면서 우리의 잠재력을 최대한 발휘하지 못하며 살고 있다고 말한다. 그리스도의 가르침을 듣고도 계속 그런 상태로 사는 것은 죄다. 그러나 우리가 절망에 빠져 있다고 생각하지 않으면 어떻게 될까? 우리의 삶이 나쁘거나 죄스런 삶도 아니라고 생각한다면 어떻게 될까? 만약 우리가 그리스도교 신자라면, 우리의 종교에 대해 키에르케고르의 주장과는 다른 어떤 해석을 선호할 수도 있다. 만약 우리가 그리스도교 신자가 아니라면, 죄와 절망에 대한 그의 개념은 우리의 세계관과 무관하다고 생각할 수도 있다. 우리는 있는 그대로의 우리 삶에 만족하면서 키에르케고르 같은 신앙을 추구할 필요성을 느끼지 않을 수도 있는 것이다.

키에르케고르를 좋아하면서도 무신론적인 사람들은 그의 철학 사상과 그리스도교적인 견해를 분리하는 식으로 그의 작품을 받아들여 왔는데, 가장 대표적인 인물로는 20세기의 '실존주의' 철학자 사르트르와 카뮈를 꼽을 수 있다.

이처럼 비종교적인 해석에 따르면, 이 작품이 전달하려는 주된 철학 사상은 인간은 가장 근본적인 도덕적·철학적 의문점들에 대한 답을 다른 사람들이나 세상의 사실들이 제공해 줄 것이란 기대를 가져서는 안 된다는 것이다.

인간은 스스로의 결정에 따라 살아야 하는 존재라는 것. 우리는 어떤 도덕적 선택에 대해 우리의 양심에 책임을 져야 하기 때문에 자신의 신념에 따라 행동해야 하고, 자신을 이해시킬 수 있는 일을 해야 한다. 키에르케고르는 이런 종류의 도덕적 독립독행을 신과 개인적인 관계를 맺으려는 노력이라고 설명하지만, 신과 개인의 그런 관계가 개인의 양심에 충실한 것과 실제로 어떻게 다른지를 알기가 어렵다. 우리는 신을 떠나 자신이 받아들일 수 있는 도덕적 원칙에 따라 살 수는 없는 것일까?

지금까지 보았듯이 생동감 넘치면서도 특이한 이 작품은 다양한 견해를 지닌 사람들로부터 다채로운 반응을 불러일으키는 한편, 광범위하게 다른 주장들을 뒷받침하기 위해 이용되어 왔다. 독자들 역시 어떤 식의 해석을 따르기로 하든, 이 작품이 훌륭한 성찰의 근원이 된다는 사실을 깨닫게 될 것이다.

Part별
정리
노트

Preface

키에르케고르는 먼저 인간의 정신적 문제에 대해 논하는 책 치고는 심각함이나 깊이가 부족하다고 생각할 독자들에게 사과한다. 그러나 이 책에서 실제로 부족한 점은 학문적 서술이다. 과학이나 폭넓은 의미의 학문은 사물과 사실들의 세계와 역사에 대한 정보를 제공하지만, '그리스도교'는 인간 개개인의 영적인 안녕에 관심을 두고 있다. 따라서 그리스도교와 관련된 글은 형식적인 면에서 부족하더라도 개개인에게 직접 말하는 식이어야 한다.

그리스도교적인 글은 '병상에 임한 의사'의 말과 같은 것이어야 한다. '절망'은 이 책에서 병으로 해석되며, 절망의 '치유책'은 '세상에서 죽어가는 것', 즉 지상에 미련을 갖지 않는 영적인 사고방식을 받아들이는 것이다.

비아냥거리거나 역설적인 것 같기도 한 서문의 분위기는 전형적인 키에르케고르의 문체라고 할 수 있다. 그는 자신의 견해를 직설적으로 옹호하면서 논의를 전개하지 않고 반대되는 견해를 조소하는 식으로 논의를 펼치는 경우가 많다. 서문에서는 과학과 역사를 조롱한다. 과학이나 역사에 관한 글이 분명한 '객관적' 사실을 전달한다고 목에 힘을 주지만, 키에르케고르의 입장에서 보면 살아 있는 인간에게 중요한 문제들은 외부 세계에 대한 사실이 아니기 때문에 본질을 비껴나간 것이며, 우리가 개인적으로 다뤄야 할 것은 영적인 문제들이다.

서문은 이 책의 중심 주제를 '절망'이라고 밝히고 있다. '절망'은 책의 제목이 가리키듯 '죽음으로 이르는 병'이다. 이 제목이 전달하려는 요점은 '신앙'이 절망을 극복하는 방법임을 증명하는 것이다. 키에르케고르가 절망이니 신앙이니 하는 단어를 통해 구체적으로 전달하려는 속뜻은 앞으로 점차 명확해질 것이다.

주: 〈죽음으로 이르는 병〉을 여러 언어로 번역 출간하는 과정에서 키에르케고르가 (그리스도교적인 글은) '영적인 발전에 기여해야 한다'는 의미로 썼던 덴마크어의 낱말 하나를 영어에서는 문자 그대로 'upbuilding(인격 등을 쌓아올리다)'과 'edigying(교화하다)'으로 번역하고 있다.

Introduction

성서에 보면 그리스도는 죽었던 나사로를 다시 살리고,
육신의 죽음이 생명의 끝은 아니라고 가르친다. 그리스도
교 신자가 아닌 사람들에게는 병과 죽음, 그리고 세상의 고
통이 끔찍하게 여겨질지 모르겠지만, 그리스도교 신자들의
입장에서는 구원과 영원한 생명의 내부에 존재하는 일시적
인 불편에 불과하다. 따라서 그리스도교적으로는 단순히 인
간적 의미에서 생명이 있다는 것보다도 죽음 안에서 더 많
은 건강과 힘을 발견할 수 있다. 그러나 그리스도교 신자들
은 죽음의 두려움보다 더 심각한 두려움에 맞서야 한다. 바
로 자신의 신앙이 영원한 생명을 얻기에 부족할지도 모른
다는 두려움이다. 이 심각한 공포가 진정 '죽음으로 이르는
병'이다.

키에르케고르는 서문에서 밝혔던 주제를 확장시켜 '절망'은 어떤 의미인지, 그리고 부활에 대한 그리스도의 가르침은 어떻게 해석하는지를 설명하고 있다. 그리스도교 신자들은 영원한 생명의 가르침을 알고 있다. 키에르케고르에 의하면, 이 같은 인식으로 인해 그리스도교 신자들은 신자가 아닌 사람들을 괴롭히는 세속적인 불안과 걱정거리로부터 자유롭다. 그러나 그것은 영원한 행복의 가능성을 알게 해주는 만큼, 보다 심각한 불행이나 절망의 가능성도 생겨나게 한다. 신에 대한 자신의 믿음이 영원한 생명을 가져다줄 정도로 강하지 않다고 불안해할 수도 있다는 것이다.

그리스도교와 절망 사이의 이 같은 관계는 변증법의 좋은 본보기다. 키에르케고르는 행복과 불행 사이에는 변증법적 균형이 있다고 암시한다. 이교도들은 병과 죽음에 대한 세속적인 두려움에 의해 균형이 유지되는 세속적인 쾌락을 즐기고, 그리스도교 신자들은 영원한 생명에 대한 기대감을 비롯하여 보다 차원 높은 영적 쾌락을 즐긴다. 그러나 보다 차원 높은 쾌락은 보다 심각한 두려움, 즉 영원히 죽어 영원한 쾌락을 누리지 못할 것이란 두려움을 생겨나게 한다.

Part I. A.

인간은 정신이고, 정신은 자기다. 자기란 자기 자신과 어떤 관계에 있는 것이다. 자기는 '자기를 자기 자신에게 관계시키는 것'이고 '다른 사람에 의해 확립되어온 것'이다. 그러한 자기들에게는 두 가지 형태의 절망, 즉 자기 자신이기를 바라지 않는 절망과 자기 자신이기를 바라는 절망이 있다. A.a.의 마지막 문단은 '자기 자신에 관계하면서 자기 자신이기를 바라는' 자기가 '자신을 확립시킨 그 힘'과 '투명한' 관계를 발전시키는 상태가 절망에서 벗어난 상태라고 정의한다.

A.b.는 절망이 탁월한 것이기도 하고 저주이기도 하다는 것을 보여준다. 절망은 영적인 존재에게만 가능하기 때문에 탁월한 것이다. 자유로운 영혼이 없는 짐승은 절망할 수가 없고, 자기가 영원한 생명을 얻을 수 있는 자유로운 영혼이라는 것을 알지 못했던 그리스도교도가 아닌 옛날 사람들에게도 절망은 있을 수 없었다. 이처럼 절망이란 장

점이다. 그럼에도 불구하고 절망은 끔찍한 불행이요 비참함이다.

절망에서 벗어나기는 엄청나게 어렵다. 육신의 병은 지속되지 않고 견뎌낼 수도 있는 반면, 절망은 끊임없이 뿌리 뽑지 않는 한, 현재라는 시간에서 끊임없이 생겨나는 영적인 상태다. 인간은 이처럼 영원한 것에서 절대로 벗어날 수 없다.

A.c.는 절망의 고통과 복잡함에 대해 상세히 설명한다. 영원한 생명에 대해 알고 있는 그리스도교 신자들에게 육신의 병은 '죽음으로 이르는 병'이 아니며, 그들의 '죽음으로 이르는 병'은 더 끔찍하다. 만약 그리스도교 신자가 영원한 생명을 얻지 못한다면, 그 대안은 영원한 죽음의 상태, 즉 심지어 죽어가거나 죽고 싶지만 죽을 수 없는 상태가 되는 것이다. 인간은 죽음이 가장 큰 위험일 때는 살기를 간절히 바라지만, 더욱 커다란 위험을 알게 될 때는 죽기를 원하게 된다. 이처럼 죽음을 바랄 정도로 위험이 클 때의 절망이 바로 죽을 수도 없다는, 즉 아무런 희망도 없는 절망인 것이다.

절망은 언뜻 어떤 것에 대한 절망처럼 보이지만, 실은 자기 자신에 대한 절망이기 때문에 자기 자신으로부터 벗어나려고 하는 것이다. 두 가지 예를 들어보자. 첫 번째는 황제가 되고 싶지만 그 목표를 이루지 못하는 사람이다. 그는 황제가 되지 못했다는 사실에 절망하는 것처럼 보이지만, 실은 황제가 되지 못한 자기 자신에 대해 절망하고 있는 것이다. 그는 그가 아닌 황제가 되고 싶고, 그는 황제가 아니기 때문에 자기 자신이 아니기를 바라는 것이다. 두 번째도 결과는 마찬가지다. 어떤 처녀의 연인이 죽거나 배신하고 떠났을 경우에 그녀는 연인을 잃은 사실에 대해 절망하는 것처럼 보이지만, 실은 자기 자신에 대해 절망하고 있는 것이다. 자기가 여전히 그 연인에게 사랑받는 존재이고 싶기 때문이다.

제1부의 마지막 세 문단은 절망이 영원한 상태라는 요지로 돌아온다. 육신의 병은 육신이 죽으면 끝난다. 그러나 영혼의 병인 절망은 영혼을 죽이지 않으면서 괴롭힌다. 죽음을 통해서는 이 병으로부터 구원받을 수 없다. 왜냐하면, 죽음은 죽을 수가 없다는 것이기 때문이다.

: 풀어보기

제1부에서 키에르케고르의 논의는 혼란스럽고 불분명하다. 핵심 용어인 '절망'에 대해서조차 직접적인 정의를 내리지 않고, 오히려 여러 가지 논평과 예를 들면서 독자들 스스로 그의 말을 이해하도록 내버려둔다.

그러나 키에르케고르 연구자들은 이런 문체는 그의 철

학에 담긴 내용을 독자들에게 전하는 과정에서 몹시 중요한 역할을 한다고 주장한다.

그의 의도에 대한 가장 보편적인 설명은 그가 자신이 비판했던 과학자와 학자들처럼 분명하고 객관적인 사실을 단순히 제시하기보다는 독자들에게 새로운 상태의 깨우침을 불러일으켜 주려고 했다는 것이다. 따라서 분명한 관념을 전달하는 문체 대신, 성찰을 자극하는 에두른 방식으로 글을 썼다는 것이다.

몇몇 키에르케고르 전문가들에 따르면, 이 책의 구성 체계—부(part)·항(section)·항목(subsection)의 복잡한 구성, 수많은 정의와 범주들—도 철학이 정확한 용어와 개념들을 사용하여 세계에 대한 완벽한 그림을 전개할 수 있다고 생각하는 헤겔과 여러 철학자들을 풍자하기 위한 것이다. 그렇다면, 키에르케고르의 글은 합리적인 분석과 해석이 언제나 명확한 답을 제공하는 것은 아니란 사실을 보여주려는 의도를 갖고 있다. 우리는 그의 말을 정확히 해석할 수 없듯이, 어쩌면 영적인 문제에 대해서도 정확히 이해하지 못할 수도 있다.

이 책을 읽는 동안 이 같은 전문가들의 견해를 명심해야 한다. 항상 문체에 주의를 기울이면서 그것이 무엇을 전달하려고 하는지 생각해 보자. 이를테면, 그가 독자의 성찰을 불러일으키고 싶어하는 것으로 보이는지, 각별히 전달하고 싶은 것이 있는지, 난해한 논증을 펼치는 사람들을 조롱하고 있는 것인지, 아니면 그가 실제로 난해한 논증을 펼치고 있는 것인지, 등등.

A.에서 각별히 전달하려는 것은 인간과 '절망'의 의미에 대한 설명인 것 같다.

A.의 첫 문단에서는 인간은 '무한성과 유한성', '순간적인 것과 영원한 것', '자유와 필연성'의 종합이며, 육체적인 것이면서 영적인 것이라고 주장한다. 우리는 물질적인 것과 물리적인 힘의 세계, 인과관계의 세계에 살고 있지만, 영적인 주체성도 갖고 있으며 마치 자유로운 선택을 할 수 있다는 듯이 생각한다. 이처럼 우리는 물질적 신체이고 영적인 주체이면서 이들 둘 사이의 복잡한 관계이기도 하다. 다시 말해, 인간은 자신(영혼/육체)을 자신(영혼/육체)에게 관계시키는 관계(영혼과 육체 사이의 관계)다.

키에르케고르는 인간에 대한 이 같은 전제를 바탕으로 절망에 대해 설명한다. 절망이란 영혼과 육체 사이의 '잘못된 관계' 또는 일종의 불안정이며, 인간이 자기 자신이기를 바라거나 자기 자신이 아닌 어떤 것이기를 바라는 일종의 '반항'이다. 이들 두 가지 정의는 전혀 다르게 보이지만 관계가 있다. 인간은 영혼과 육체의 종합이다. 따라서 인간이 자기 자신이기를 바라지 않는다면, 자기 영혼/육체 사이의 관계에서 어떤 측면을 틀림없이 무시하고 싶어하는 것이다.

A.b.와 A.c.는 키에르케고르가 파악하고 있는 절망에 대해 상세히 밝힌다.(좀더 자세한 내용은 B.와 C.에서 소개) A.b.에서 밝히는 육체의 병과 절망의 차이는 두 가지다. 첫째, 인간은 자신의 영적인 상태에 대해 스스로 책임을 져야 한다. 따라서 만약 절망에 빠진다면, 그것은 자기 탓이다. 둘째, 절망은 일종의 태만 상태이기 때문에 극복하기가 아주 어렵다. 인간은 절망을 끊임없이 뿌리 뽑지 않으면 절망에서 영원히 헤어날 수 없다.

A.c.는 절망이란 각자가 책임져야 할 내면적 문제라는 말이 어떤 의미인지를 보여주는 예들을 제시한다. 연인을 잃은 처녀와 황제가 되고 싶은 사내는 모두 삶의 여건 때문에 좌절하고 있는 것처럼 보이지만, 사실은 자기들 자신에게 좌절하고 있는 것이다. 서문과 서론에서 거론했던 절망에 빠진 그리스도교 신자들도 마찬가지다. 영원한 죽음의 가능성에 대한 두려움은 사실 자기들 자신에 대한 좌절감, 즉 영원한 생명을 얻을 수 없다는 것에 대한 좌절감이다.

이런 예들이 암시하는 의미에 주목하자. 이 예들에서 나타나는 절망은 내면적이고 개인적인 문제이며, 각자가 바로잡을 수 있는 어떤 것이기도 하다. 처녀는 연인을 되찾을 수는 없지만, 자기 자신에 대한 좌절감은 극복할 수 있다. 그리스도교 신자들도 육체의 죽음은 피할 수 없지만, 그리스도를 믿음으로써 영원한 죽음을 피할 수 있다. 결국 A.b.에서 키에르케고르가 주장하듯, 절망은 오로지 자기 자신이 책임져야 하는 상태다.

지금까지 키에르케고르의 주장을 정리하면, 내면적이고 개인적인 문제인 절망에는 인간이 자신의 육체적 삶이나 영적인 삶 가운데 어떤 측면을 무시하는 성격이 포함되어 있다. 인간이 절망하고 있다면 그것은 자기 탓이다. 개개인은 절망을 극복할 수 있지만, 그러려면 굉장한 노력과 헌신이 필요하다.

Part I. B.

인간은 '참된 그리스도교 신자'가 되어 있지 않는 한, 어떤 의미에서든 절망에 빠져 있다. 그렇다고 낙담할 필요는 없다. 절망의 보편성은 영성이 인간의 보편적 자질임을 암시하기 때문이다.

절망하고 있지 않다는 것, 심지어 절망하고 있는 것을 모르는 것도 절망의 한 형태일 수 있다. 몸이 아픈 상태인데도 그 증상을 의사나 겨우 눈치 챌 수 있는 경우처럼 절망에 빠져 있으면서도 그 사실을 모를 수 있는 것이다. 그러나 환자에게는 의사가 건강에 이상이 없다는 보증을 할 수 있는 반면, 절망은 언제나 멀쩡한 겉모습 아래 숨어 활동하고 있다. 게다가 육체의 병은 확실하게 치료될 수 있지만, 절망은 그것을 극복한 예전의 노력과 관계없이 항상 다시 찾아와 영혼을 괴롭힌다.

절망이란 병에 걸린 적이 없다는 것은 최대의 불행이며, 그 병에 걸리는 것은 진정한 신의 은혜라고 말할 수 있다.

대다수 사람들은 한평생 오로지 육체, 물질, 명예 같은 하찮은 일에 관심을 갖고 살아가지만, 정작 '영원한' 의미를 갖는 유일한 문제는 그가 절망하고 있는지의 여부다.

· 풀어보기

　B.의 소제목 "이 병의 보편성"이 암시하듯 절망은 알고 있든 모르든 너무나 많은 사람들이 빠져 있는 보편적인 상태다. 절망의 상태를 깨닫고 전력을 기울여 맞서 싸우는 사람만이 절망에 빠져 있지 않는다.

　B.는 절망과 그리스도교 사이에는 강렬한 연관성이 있다는 점도 분명히 밝힌다. 절망은 '영원한 것'에 유일하게 관계된 중요한 문제다. 절망을 뿌리 뽑아야 그리스도가 약속한 영원한 생명을 얻을 자격이 생긴다는 암시인 것.

Part I. C.a.

C.는 절망의 형태들을 범주화한다. 절망은 그 개념적 요소들을 관찰함으로써 추상적으로 분석할 수 있지만, 절망의 유형들을 주로 구분시켜주는 것은 그 개인이 절망을 의식하고 있느냐의 여부다.

C.a.의 내용은 절망에 대한 추상적인 분석이고, C.b.는 의식의 관점에서 절망을 분석한다. C.a.는 다시 (a)와 (b)로 나뉘고, 두 항은 a.와 β.로 세분된다.

(a)의 첫 머리에서는 인간(자기라는 것)은 무한성(영혼)과 유한성(육체)의 의식적인 종합이라고 말한다. '자기'는 '자기 자신이 됨'으로써, 즉 무한성과 유한성이 적절한 형태의 종합을 이룸으로써 절망을 극복한다. 이것은 오로지 신을 통해서만 가능하다.

a.는 개인이 유한성을 무시하고 무한성에만 집중하는 절망 상태를 묘사한다. 즉 무한한 것이 되려고 생각하거나 단순히 무한이고자 하는 순간순간은 절망인 것이다. 이 유

형의 절망은 그 개인이 공상에 사로잡히게 될 때 나타난다. β.는 개인이 무한성을 무시하고 유한성에만 집중하는 절망 상태를 묘사한다. 이 유형의 절망을 경험하는 그 개인은 사업이나 사회생활 같은 현세적 일에 지나치게 집착하고 익숙해짐에 따라 자기 자신을 잊어버리고 만다. 이런 사람은 정신적인 의미에서의 자기, 신 앞에서의 자기를 갖고 있지 않은 것이다.

(b)는 유한성과 무한성을 가능성과 필연성의 관점에서 다시 논한다. α.는 실재의 제약을 무시하고 공상적인 가능성의 숙고에만 집착하게 되는 사람들이 빠질 수도 있는 절망에 대해 논하는 반면, β.는 걱정에 짓눌려 다른 가능성은 상상도 못하게 되는 사람들의 절망에 대해 묘사한다.

"신에게는 모든 것이 가능하다"는 믿음을 갖는다면, 가장 지독한 주변 상황에 완전히 짓눌려 있을 때조차 절망과 좌절을 피할 수 있다. 반면, 숙명론은 세상사가 물리적인 힘들과 인과관계의 결과로서 미리 정해져 있다고 가정한다. 마찬가지로 '속물적'이거나 '물질만능주의적인' 사람들은 하찮은 일에 전적으로 집착하고 세상사의 변화를 아무 감정이나 저항도 없이 받아들인다. 신앙은 사람을 절망으로부터 보호해 줄 수 있다. 그러나 숙명론과 속물근성은 그렇지 못하다. 신과 자기 자신을 잃어버렸기 때문이다.

이 부분에서는 키에르케고르가 절망이라고 부르는 개념의 의미가 명확해진다. A.에서는 절망은 육체와 영혼의 관계가 불안정한 상태라고 암시한다. 예를 들면, 공상의 세계 속에 사는 사람은 주변의 실재 세계를 무시하고, 지나치게 현세적인 사람은 영성을 놓친다. 이런 사람들은 모두 절망에 빠져 있는 것이다. 인간적인 경험의 어떤 측면들을 놓치고, 그 결과 온전한 의미의 인간이 되지 못하기 때문이다.

(b)의 β.는 키에르케고르가 왜 인간은 신에 대한 믿음을 통해서만 온전한 인간이 될 수 있다고 생각하는지를 알 수 있게 해준다. 신에 대한 믿음, 즉 "신에게는 모든 것이 가능하다"는 믿음만이 인생살이의 끔찍한 일들에 대한 심리적 부담으로부터 우리를 구원해 준다. 끔찍한 악몽이 현실이 되고 탈출이 불가능해 보일 때도 신앙은 더 나은 미래를 끊임없이 믿을 수 있게 해줄 것이다. 신에게는 모든 순간에 모든 것이 가능하기 때문이다. 이를테면, 신앙은 연인이 죽더라도 다시 보게 될 것이라고 믿도록 할 수 있다.

키에르케고르가 제1부 A.에서 절망으로부터 벗어난 상태를 어떤 식으로 정의하는지 상기하라. 그는 '자신을 확립시킨 그 힘을 투명하게 믿을 때' 절망이 뿌리 뽑힌다고 썼다. 그 힘은 신을 가리키는 것 같다. 우리는 이 부분의 논의에서 키에르케고르가 왜 적어도 인생살이의 부정적 사태들에 의해 야기되는 절망에서 벗어나는 유일한 방법이 신에 대한 믿음이라고 생각하는지 이해할 수 있게 된다. 그의 생각 대로라면 물질적인 세상을 만든 영적인 힘인 신은 우리의 정신과 그 세상 사이, 상상된 가능성과 물질적 사실들 사이에 다리를 놓아주고, 희망이 없는 환경 속에서 희망을 지닐 수 있도록 도와준다.

Part I. C.b.

절망의 형태들에는 서열이 있다. 절망은 의식하면 할수록 그만큼 그 정도도 강렬해진다는 것이다. b.의 (a)는 무지한 절망, (b)는 의식적인 절망의 두 형태인 자기 자신이기를 바라지 않는 '약한' 절망과 자기 자신이기를 바라는 '반항'의 절망에 대해 논한다.

무지한 절망은 자신이 절망하고 있다는 사실을 모르고 있는 절망이며, 가장 흔한 형태다. 이때 인간은 자기를 정신으로 의식하는 상태에서 가장 멀리 떨어져 있다. 이 형태의 절망은 이교도나 그리스도교계의 영적인 일에 무관심한 사람들 사이에 일찍이 존재했고 지금도 존재하고 있다. 그런 사람들은 그들이 절망에 빠져 있다는 말을 들으면 자연스럽게 방어적인 자세를 취하지만, 자신의 절망을 깊이 자각하고 있는 사람들보다는 더 쉽게 절망을 극복할 수 있다. 그들의 절망이 의식적으로 절망 속에 머물러 있는 사람들의 절망보다 약하기 때문이다.

(b)는 절망에 대한 의식도 그 절망을 어떻게 의식하고 있는지와 절망이 무엇인지에 대한 올바른 관념을 가지고 있는지에 따라 다르다고 설명한다. 예를 들면, 이교도들도 절망하고 있다는 사실을 느낄 수는 있지만, 구원에 대한 그리스도의 가르침에 대해 전혀 모르기 때문에 절망에 대해 올바른 관념을 갖고 있다고 할 수 없다.

a.는 '약함의 절망,' 즉 '자기 자신이기를 바라지 않는' 절망에 대해 설명한다. 이 절망에 빠진 사람은 있는 그대로의 자기가 되기를 더 이상 원치 않는데, 다시 두 가지 유형으로 나뉜다. 첫째, 현세적인 일들과 상황들에만 집착하다가 현세적인 삶의 어떤 측면 때문에 절망에 빠지는 사람들. 이런 사람은 자신의 삶이 다르게 펼쳐졌기를 바라기 때문에 자기 자신이기를 원치 않는다. 둘째, 영적인 차원의 가능성에 대해 의식하고 있으면서도 그것의 추구를 거부하는 사람들. 이런 사람은 자신과 절망에 대해 좀더 분명하게 의식하고 있으며, 심지어 현세적인 일들에 집착하는 것이 실은 나약함이라는 것을 알면서도 영적인 문제들에 집중하려 들지 않거나 집중할 수 없다고 느끼기 때문에 자기 자신이기를 바라지 않는다.

$β$.는 '반항의 절망,' 즉 '자기 자신이기를 바라는 절망'에 대해 논한다. 이 유형의 절망에 빠진 사람은 자기가 자기 자신의 완전한 주인이기를 바라는데, 그런 일은 있을 수

없다. 이 절망은 '악마적'인 절망이라고 할 수 있다.

b.에서 키에르케고르는 여러 가지를 세분화하면서 논의를 전개하는데, 혼란스럽고 불분명하다는 느낌이 들 수 있다. 그가 무슨 이야기를 하는지 도무지 모르겠다는 생각이 든다면, 이 책이 너무나 많은 범주화와 세분화를 이끌어내는 철학서들을 희화화하는 것이라는 일부 전문가들의 지적을 상기하면 좋을 것 같다.(제1부 A.의 '풀어보기' 참고)

b.에서는 a.에서와 마찬가지로 키에르케고르가 '절망'이라는 말을 어떤 의미로 이해하고 있는지를 알려주는 예들에 주목하면 좋을 것이다. 사람은 자신의 절망에 대해 모르고 있을 때도 절망에 빠져 있다. 그리고 자신의 절망에 대해 더 많이 의식할수록 그만큼 절망은 더 심해진다. 키에르케고르가 꼽는 예는 인생살이에서 겪는 부정적인 사건들 때문에 절망하는 사람들, 영적인 삶을 이끌어나갈 힘이 부족하기 때문에 절망하는 사람들, 특히 신을 비롯하여 세상 어떤 것에도 의지하기를 거부하기 때문에 절망하는 악마와 금욕주의자들 등이다. 이 같은 절망의 예들은 절망을 의식하지 못하고 따라서 가장 무지한 절망에서부터 절망에 대해 가장 깊이 의식하고 있고 따라서 정도가 가장 심한 절망

에 이르기까지 서열이 형성된다.

a.에서처럼 b.에서 제시된 예들은 일반적으로 절망은 온전한 의미의 인간이 되지 못한 상태란 것을 보여준다. 현세적인 것들에 지나치게 집착하는 사람들은 영적인 측면을 무시하고, 반항적인 사람들은 그들의 능력만으로도 자신들의 운명을 충분히 통제할 수 있다고 자만하는데, 모두들 자신의 어떤 측면을 무시한 것이다.

b.에는 주목할 만한 몇몇 구절이 등장한다. (a)의 셋째와 다섯째 문단에서는 '모든 인간 세상과 세계 역사'를 연구하고 복잡한 철학 '체계'를 쌓아올렸으나 개인적인 생활에서는 감성적인 것의 범주에 살면서 정신이나 진리 같은 것에는 조금도 마음을 두지 않는 사상가들에 대해 언급한다. 이 구절들은 종종 헤겔에 관한 언급이 아니냐는 지적도 있지만, 단지 '과학'과 '학문적'인 글을 쓰는 사람들에 대한 반감을 간략하게 표출한 것으로 이해하면 될 것 같다. 물질적인 세계를 탐구하거나 역사를 연구하면서 한평생을 보내는 그들은 비록 대단한 통찰력을 지닐 수 있을지는 몰라도 세상에 대한 지식은 개인의 구원과 무관하다는 사실을 무시하고 있다. 개인적인 구원이야말로 모든 인간의 근본적인 책무라고 간주하는 키에르케고르에게는 삶에 대한 그들의 접근법이 마음에 들지 않을 수밖에 없다.

조직화된 종교에 대한 키에르케고르의 신랄한 비판도

주목할 만하다. (b)의 *α*.에서는 네덜란드에서 온 사람은 모두 네덜란드인이라는 것과 똑같은 의미에서 그리스도교 신자로 불리는 사람들을 조롱하는 한편, 목사가 너무 아는 게 없다고 생각해서 교회에 나가지 않는 사람들을 두둔하기도 한다. 그리스도교 신자가 된다는 것은 강도 높은 개인적 헌신을 필요로 한다는 그의 주장은 너무나 유명하다. 그는 〈죽음으로 이르는 병〉은 물론, 다른 저서들에서도 종교에 대한 보다 피상적인 접근, 즉 일주일마다 교회에 나가는 것으로 그리스도교 신자라고 생각하는 사람들을 비웃고 있다.

키에르케고르가 절망의 유형들 사이의 '변증법적' 관계에 대해 되풀이해서 쓰고 있는 점에도 주목하자. 변증법에 대해서는 서문 '풀어보기' 참고.

Part II. A.,
Chapter 1

A.의 첫 문단에서는 죄란 신 앞에서 또는 신의 개념을 갖고 절망하는 것이라고 말한다. 둘째 문단에서는 '시인'은 종교적인 문제에 대해서는 토론을 잘할 수 있을지 몰라도 완벽하게 종교적인 삶을 영위하지는 않는다고 지적한다.

A.는 앞부분에서 논의했던 절망의 유형들을 '신 앞에' 있다는 것이 어떻게 바꾸는지를 설명한다. 절망은 의식할수록 그 정도가 심해지는 것처럼 인간의 기준이 아닌 신의 기준에 따라 측정할 때 더 강렬해진다. 마찬가지로 절망에 서열이 있듯이 죄에도 육신의 죄에서부터 신에게 반항하는 좀더 영적인 유형의 죄에 이르기까지 서열이 있다. 그럼에도 불구하고 '신 앞에서'의 절망이라는 죄의 정의(定義)는 죄의 근본적인 형태를 포착하고 있기 때문에 모든 개별적인 죄를 설명할 수 있다.

'신앙'은 신과의 관계를 유지하면서 자기가 되고 자기

자신이기를 바라는 상태다. 따라서 죄의 반대는 덕이 아니라 신앙이다.

1장에 뒤이어 나오는 부록에서는 그리스도교는 개별적인 인간이 신과 관계를 맺을 수 있다는 '터무니없는' 전제에 근거를 두고 있다는 점에 대해 설명한다. 그리스도교는 역사나 인류에 관심을 두지 않고 개별적인 인간에 관심을 갖고 있다는 것이다. 이 같은 주장은 막강한 황제가 가난한 품팔이꾼에게 사적인 사유들을 공유하자는 것만큼이나 터무니없다. 그럴 경우, 가난한 품팔이꾼은 황제가 농담을 하거나 자기를 놀린다고 생각할 것이 뻔하듯 그리스도의 가르침도 그리스도교 신자가 아닌 사람들의 지성을 농락하는 것처럼 보인다. 그리스도교는 너무 터무니없기 때문에 합리적인 논증으로는 변호할 수 없으며, 개인적인 믿음, 즉 신앙의 문제인 것이다.

: 풀어보기

제1부는 독자들이 절망이 무엇이고 왜 문제가 되는지를 이해할 수 있도록 절망에 대한 정의, 예들, 유형 분류를 제시했다. 제2부에서는 절망을 종교적인 관점에서 논한다. 절망은 죄이고, 그 죄에서 벗어나는 길은 신앙이라는 것.

제1부 '풀어보기'에서 언급했듯이 여러 유형의 절망에

빠져 있는 사람들은 온전한 의미의 인간이 되지 못한 것이다. 제2부 1장과 부록 부분에서는 그리스도교는 그런 결함을 죄로 규정한다고 설명한다. 부록에 따르면, 그리스도교는 신이 모든 개별적 인간의 행복에 관심을 갖고 있다고 가르친다. 따라서 우리가 절망하고, 신이 개개인에게 바라는 온전한 인간이 되지 못하는 것은 죄다.

키에르케고르식 그리스도교 개론이라고 할 수 있는 부록을 특히 주의 깊게 살펴보자. 합리적인 관점에서 보면, 그리스도의 가르침은 터무니없다는 것이 그의 생각이다. 전능한 신이 왜 보잘 것 없는 인간에게 관심을 갖는다는 것인가? 하찮은 인간이 어떻게 신과 관계를 맺을 수 있는가? 그리스도교는 합리적으로는 이해할 수 없다. 그럼에도 불구하고 그리스도교는 존재하는 것 가운데 최고의 진리이며, 그리스도교 신앙은 최상의 인간적 삶이자 절망을 피하는 유일한 길이다.(A. 끝부분의 신앙에 대한 정의는 제1부 A.a. 끝부분의 절망 극복에 대한 정의와 본질적으로 같다는 점에 유의)

그리스도교에 대한 키에르케고르의 이해는 우리에게 어떤 모순을 느끼게 한다. 〈죽음으로 이르는 병〉은 신앙이 없는 사람은 모두 절망에 빠져 있다고 주장하는 것 같다. 만약 이 책이 그리스도교 신앙을 옹호하기 위한 논증이 아니라면, 달리 어떤 목적이 있을까? 그리스도교는 이해와 설명이 불가능한 것이라면, 키에르케고르가 이 책에서 노리는 것은 무엇일까?

키에르케고르는 그리스도교 신자가 된다는 것이 어떤 의미인지에 대해 확신을 가졌다. 그리고 그리스도교 신자인 독자들이 그들의 종교에 대한 자신의 독특한 견해에 흥미를 느낄 것이며, 신에 대한 자신의 관념에 의해 도움을 받을 만한 사람들이 있다고 생각하면서 이 책을 썼고, 자신의 '터무니없는' 생각에 대해 사람들이 어떻게 여기든 실제로 개의치 않았던 것 같다. 어쩌면 합리적인 탐구도 모든 문제에 해답을 제시하지는 못한다는 사실을 보여주고 싶었는지도 모른다.(제1부 A.의 '풀어보기'와 '전체적인 분석과 주제' 참고)

유별난 철학자였던 키에르케고르는 독자들에게 범상치 않은 도전을 맛보게 한다. 우리가 이 책을 어떤 식으로 받아들여야 할지에 대한 결정적인 말이 없는 것이다. 개중에는 이 문제점들에 대해 숙고하면서 A.의 둘째 문단에 대해서도 숙고해 보고 싶은 독자가 있을지 모를 일이다. '시인'은 심지어 완벽한 종교적인 삶을 영위하지 않더라도 종교적 진리에 대해 토론할 수 있다는 내용은 아무래도 자신을 염두에 둔 것 같다.

Part II. A.,
Chapter 2

:요점정리

여기서는 그리스 철학자 소크라테스의 죄에 대한 정의를 분석한다. 소크라테스는 죄는 무지라고 주장했다. 이 같은 소크라테스의 정의는 그리스도교의 정의에 비해 열등하며, 많은 의문점을 남기는 것 같다. 만약 죄가 무지와 같다면, 사실상 죄는 현실적으로 존재하지 않는 것이다. 죄는 오직 의식되는 것이기 때문이다. 따라서 소크라테스에 따르면, 어떤 행동을 해야 하는지 알면서도 의도적으로 다른 행동은 할 수 없다.

여전히 많은 사람들이 도덕적이고 종교적인 관념들을 이해하려고 엄청난 노력을 기울이면서도 그것들에 따라 행동하지 못하는 경우가 허다한데, 오늘날에도 신랄한 질문을 통해 이러한 위선자들의 가면을 벗기는 소크라테스 같은 철학자가 있었으면 좋겠다.

소크라테스는 두말 할 것 없이 위대한 철학자다. 그러

나 그리스도교는 사람이 무엇을 해야 할지 아는 것과 실행하는 것은 별개라고 인정한 점에서 그의 사상을 발전적으로 해체시켰다. 소크라테스는 사람이 옳지 않은 행동을 한다면 틀림없이 무엇이 옳은 것인지를 몰랐기 때문이라고 가정했으나 그리스도교는 사람이란 무엇이 옳은지를 알면서도 나쁜 짓을 할 수 있으며 더 나아가 심지어 의도적으로 무엇이 옳은지를 알려고 하지도 않을 수 있다는 점을 인정한다. 그리스도의 가르침은 무엇이 옳은 것인지를 알려주었지만, 사람들은 그 가르침을 따르려고 들지 않을 수 있는 것이다.

이런 관점은 1장에서 논의했던 내용을 상기시킨다. 그리스도교는 그리스도교 신자가 아닌 사람들에게 불쾌감을 갖게 한다. 누군가에게 선악을 구분할 줄 모른다고 말하는 것은 모욕이지만, 그리스도교는 신이 우리에게 죄가 무엇인지를 계시해 주어야 비로소 우리가 그것을 알게 된다고 가르치는 것.

·풀어보기

키에르케고르는 그의 글들에서 자주 소크라테스를 추켜세웠는데, 실은 자기를 현대의 소크라테스쯤으로 생각했던 것 같다. 개중에는 그의 글들과 소크라테스적 방법론 사이에 근본적인 유사점이 많다고 주장하는 전문가들도 있다.

플라톤의 대화편에서 소크라테스는 아테네 사람들에게 어려운 질문들을 던져 철학적 의문점들을 풀려고 했으나 그들은 종종 오히려 대답을 하지 않았고, 결국에는 곤혹스런 질문들에 염증을 느낀 나머지 젊은이들을 타락시킨다는 죄목으로 사형을 선고했다.

마찬가지로 동시대인들에게 호평을 받지 못했던 키에르케고르도 특히 종교적인 사상을 비롯하여 당시의 주류적인 관념들에 대해 의문을 제기했다. 게다가 소크라테스가 답을 알고 싶다고 주장하지 않고 질문을 던졌듯이 키에르케고르도 독자들에게 종교적 문제에 대해 스스로 생각해 보도록 촉구했다.

2장은 이미 친숙해진 내용이 많다. 키에르케고르는 과학적 이해를 추구하는 사람들을 조롱한다. 사실적 지식은 개인의 구원에 전혀 도움이 되지 않는다는 것. 그는 죄를 절망과 연관시키고 1장에서처럼 심지어 그리스도의 가르침이 터무니없더라도 복종하지 않는 것은 죄라고 주장한다.

Part II. A., Chapter 3 and Appendix

　　3장은 죄가 어떤 '소극적인 것'이 아니라 '적극적인 것'이라고 설명한다. 즉 죄는 단순하게 덕의 부재가 아니라 존재의 어떤 분명한 상태, 인간이 자의적으로 취하는 어떤 자세라는 것. 죄와 또 다른 종교적 개념들을 합리적인 관점에서 이해하려고 드는 신학자는 실수를 저지르는 것이다. 그리스도교의 본질은 인간은 죄 속에서 살며 신은 인간에게 신앙만이 죄를 극복하는 유일한 길이란 사실을 계시했다는 것이다. 우리는 모든 것을 과학적으로 이해하려고 드는 경향이 있기 때문에 오늘날에도 우리가 죄와 신앙 같은 근원적인 개념에 대해 얼마나 모르고 있는지를 증명해 줄 소크라테스 같은 사람이 필요하다.

　　부록은 3장에서의 죄에 대한 설명이 독자들을 죄가 아주 드문 것이라는 결론으로 이끌 수도 있다는 우려를 표시하면서 시작되지만, 그것은 올바른 해석이 아니다. 절망의 정도가 다양한 것처럼 죄도 종교적인 문제에 대한 일반적인 무관심에서부터 그리스도의 가르침에 대한 분명한 반항에 이르기까지 다양하다. 무관심은 온전한 의미에서는 죄가 아닌 것처럼 보일지 몰라도 그리스도교의 진리를 받아들이지 못한다는 면에서는 역시 죄다. 교회지도자들은 사람들에게 무관심한 태도로 살면서도 참된 그리스도교 신자가 될 수 있다고 착각하도록 조장하지만, 그리스도의 가르침이 얼마나 어렵고 역설적인 것인지를 강조해야 한다.

풀어보기

죄는 '적극적인 것'이라는 키에르케고르의 주장은 사람은 각자 죄의 상태에 대해 책임이 있다는 제1부 A.b.의 내용을 상기시킨다. 그에 의하면, 죄는 그리스도의 가르침을 거부하고 신앙을 추구하지 못하는 상태이며, 그리스도가 절망에서 벗어나는 방법을 가르쳐주었음에도 불구하고 여전히 절망에 빠져 있는 상태다. 이런 상태는 단순히 덕스럽게 살지 못하는 것보다 훨씬 많은 내용을 포괄하는데, 그리스도교의 진리를 의도적으로 믿으려 하지 않는 것도 포함한다.

이 논의를 전개하는 과정에서 키에르케고르는 다시 한번 종교를 과학적으로 대하려 드는 것은 잘못이라고 강조한다. 그리스도의 가르침은 인간의 합리성을 모욕하는 역설이며, 오늘날에도 소크라테스 같은 인물이 필요하다. B.의 '풀어보기'에서 보았듯이 키에르케고르는 바로 소크라테스 같은 역할을 하려고 드는 것 같다.

부록은 죄에 대한 키에르케고르의 인식을 분명하게 드러낸다. 그리스도의 가르침을 접하고도 신앙을 추구하지 않는 사람은 죄를 짓는 것이다. 현세적으로 살면서 종교적인 문제에 대해 무관심한 사람은 비록 흥미를 못 느끼더라도 분명 죄를 짓는 것이다.

교회지도자들에 대한 키에르케고르의 비판은 틀에 박힌 종교에 대해 그가 어떤 생각을 지니고 있는지를 가늠하게 해준다. 종교는 늘 생각하고 많은 공을 들여야 하며, 토론이나 의식보다는 내면적 성찰이 더 중요한 지극히 개인적인 일이다. 그리스도교를 세속적인 일이나 대충 믿어도 되는 것으로 만들어버리는 조직화된 교회는 참된 교회가 아니다.(제1부 C.a. 참고)

Part II. B.

죄는 어떤 행위가 아니라 정신의 어떤 상태다. 사람들은 대개 죄스런 행위를 할 때마다 죄가 쌓인다고 생각하지만, 사실은 그보다 훨씬 더 나쁘다. 신앙을 추구함으로써 죄의 상태에서 벗어나는 조치를 취하지 못할 때마다 죄는 계속 쌓여가는 것.

(a), (b), (c)는 모두 사람들이 죄에 맞서는 조치를 취하지 못함으로써 죄를 쌓아가는 모습에 대해 논하고 있다. (a)는 자신의 죄스러움에 대해 절망하는 죄를 묘사한다. 이경우에 개인은 죄 속에 산다는 것을 인정하면서도 신앙을 추구하지 않고 자기연민에 빠지는 상태를 택한다. 그 같은 정신 자세 속에는 죄가 있다는 사실을 알면서도 그것을 줄이려 들지 않고 그대로 살아가기로 선택했다는 것을 깨닫고 있기 때문에 죄의식이 더 강렬해지는 경우도 포함된다.

(b)는 죄의 용서를 믿지 않는 죄를 묘사한다. 언뜻 죄의 용서를 거부하는 태도는 개인이 종교적 진리와 씨름하

는 매우 양식 있는 태도처럼 보일지 모르지만, 사실은 종교적 가르침에 맞서는 가장 무거운 죄의 징표다. 그리스도교의 근본적인 명령은 인간은 그리스도와 죄의 용서를 반드시 믿어야 한다는 것이고, 이 가르침을 거부하는 것은 죄다.

이 같은 죄는 특정 범죄와 악행에 대한 인식뿐이던 그리스도교 이전의 사람들에게는 있을 수 없었다. 이전 종교들과 달리 그리스도교는 인간은 반드시 신과 개인적인 관계를 유지해야 하고, 그것을 통해 죄를 용서받으려 해야 한다고 규정한다. 겉보기에 아무리 덕스럽게 보이더라도 다른 사람들처럼 행동하면서 마음의 위안을 찾는다면, 개인의 믿음과 내면적 성찰을 중시하는 참된 그리스도교적인 삶을 영위하는 것이 아니다.

(c)는 그리스도의 가르침을 거부하는 가장 심각한 죄에 대해 논한다. 그리스도교는 비록 신과 인간 사이에는 엄청난 차이가 있음에도 불구하고 인간은 반드시 신과 개별적인 관계를 유지하기 위해 노력해야 한다고 가르친다. 그리스도교의 진리에 대해 애매한 태도를 보이는 모든 인간은 그리스도를 믿어야 한다는 그리스도교의 명령을 위반하는 것이기 때문에 죄를 짓는 것이다. 그리스도를 믿고 싶지만 그의 역설적인 가르침을 믿을 수 없다고 생각하는 사람도 마찬가지다. 그러나 무엇보다도 그리스도를 믿으려는 시도조차 의도적으로 거부하는 사람들의 죄가 가장 나쁘다.

마지막 문단은 이 책의 핵심 내용을 요약한 것이라고 할 수 있다. 죄의 반대는 신앙이다. 죄 속에 사는 사람은 절망에 빠져 있다. 신앙은 절망과 죄를 제거하는 신과의 관계를 수립하는 상태다.

: 풀어보기

이 책의 결론은 점층법과는 반대로 진행되는 것 같다.(이 책의 저자가 안티 클리마쿠스라는 사실에 유의) 키에르케고르는 마지막 문단에 이르러서야 이 책의 핵심 내용을 요약하려고 드는데, 대체로 지금까지 했듯이 이것저것을 구분하고, 예를 들고, 죄와 신앙에 대한 자신의 관념들을 다듬는다.

그럼에도 불구하고 B.는 주요 주제와 관념들을 유용하게 다시 요약해서 보여준다. 죄는 오직 신앙을 추구함으로써만 극복할 수 있는 상태다. 죄의 반대는 덕이 아니라 신앙이다. 신앙은 신과 인간의 개인적인 관계를 포괄한다. 죄와 신앙과 절망의 개념은 연계되어 있으며, 신앙은 죄와 절망의 해결책이다.

마지막 문단은 이 책의 전반적인 개요와 가장 근접하기 때문에 전체 내용을 되새겨보는 데 도움이 되는 열쇠라고 할 수 있다.

Review

다음 질문에 대해 간단히 서술하시오.(—부분은 참고만 할 것)

1. 〈죽음으로 이르는 병〉에 따르면, 키에르케고르에게 그리스도교는 어떤 의미를 갖는가? 그는 틀에 박힌 종교에 대해 어떤 견해를 갖고 있는가? 그의 견해에 따르면, 그리스도교는 이교와 그리스도교 이전의 종교들과 어떻게 다른가?

    — 그리스도교를 계시된 진리에 근거한 종교라고 간주하는 그의 견해에 따르면, 그리스도가 가르치는 근본 교의는 인간이 신과 개인적인 관계를 맺을 수도 있다는 것이다. 그리고 어려운 그리스도의 가르침을 경시하거나 단지 교회에 나가 귀에 거슬리지 않는 설교나 들으면 되는 것으로 암시하는 교회지도자들을 비판하고, 신이 인간 개개인에게 관심을 가지고 있다는 것은 말이 안 된다면서 그리스도교의 근본적인 가르침을 '터무니없다'고 주장한다. 인간이 신과 직접 의사소통을 할 수 있다고 생각하는 것도 말이 안 된다. 신이 우리에게 말씀하고 계시는 것을 우리가 어떻게 알 수 있다는 것인가? 그리스도가 진리를 인간에게 계시하기 이전에는 개개인이 신과 관계를 맺을 수 있다는 생각은 우스꽝스럽게 여겨졌을 것이다. 사실, 이런 가르침은 그리스도교 신자가 아니고 합리적인 사람들에게는 '모욕'이다. 그러나 신과의 관계가 '절망'에서 벗어나는 유일한 길이다. 그리스도교 신자가 아닌 사람들을 포함하여 모든 인간은 절망으로 고통을

겪는다. 키에르케고르는 절망의 정확한 의미를 제시하지 않지만 절망에 대한 언급과 예들을 통해 판단컨대 사람이 육체적이고 영적인 존재로서의 온전한 잠재성에 따라 살아가지 못하는 상태이자, 그리스도가 약속한 영원한 생명을 얻지 못하는 것을 의미하는 듯하다. 신과 인간의 개인적 관계인 '신앙'은 절망의 유일한 해결책이다. 그리스도교 이전의 사람들은 절망을 거의 이해하지 못했고 신앙에 대해서는 전혀 몰랐던 반면, 그리스도교 신자들은 절망에서 벗어나는 방법을 알고 있기 때문에 오히려 절망이 강렬해지고, '죄'가 된다. 절망에 빠져 있다는 것은 그리스도의 진리를 반드시 믿어야 한다는 신의 명령을 어기는 것이다.

2. **키에르케고르는 소크라테스를 어떻게 생각하는가? 그는 왜 오늘날에도 소크라테스 같은 사람이 있어야 한다고 생각하는가? 두 사람 사이에는 유사점들이 있는가?**

— 플라톤의 대화편을 보면 소크라테스는 당시 사람들과 대화를 나누면서 곤혹스런 질문들을 통해 상대방들의 생각을 탐구하고, 그들이 진실이라고 가정하는 관념들을 제대로 정당화하지 못하는 경우가 많다는 것을 입증했다. 즉 그들이 알고 있다고 주장하는 만큼 실제로 알고 있지 못하다는 사실을 증명했다. 오늘날 '지식'의 상당 부분도 그와 마찬가지다. 그에 따르면, 많은 사람들이 '과학'과 학문적 방법론을 통해 세계에 대한 광범위한 지식 체계를 구축했고, 심지어는 도덕적이고 종교적인 문제들에 대해 확고한 확실성을 획득했다고 주장했다. 그러나 그들의 주장이 사물과 사실이라는 객관적 세계에 대한 분석을 바탕으로 하고 있는 한, 그들의 모든 지식 체계는 불완전할 수밖에 없다. 객관적 세계는 인간 개개인과는 무관하다. 인간은 무엇보다도 먼저 출생 전이

나 사후의 역사적 과정이 아니라 반드시 자신의 영적인 안녕에 관심을 기울여야 한다. 따라서 도덕적이고 종교적인 문제들에 대해 어떻게 생각하는지를 스스로 결정해야 한다. 그리스도의 가장 근본적인 가르침은 반드시 신과 사적인 관계를 맺어야 한다는 것이다. 신학적이거나 역사적인 문제들에 대한 학술적인 토론은 그토록 중요한 과업을 제대로 할 수 없도록 만들 뿐이다. 소크라테스에 관한 언급에서는 키에르케고르가 소크라테스식으로 과학과 학술적인 글들을 반박하겠다는 뜻을 암시하는 것 같다. 그는 소크라테스처럼 독자들에게 생생한 예들과 풍자적인 언급들에 대해 생각해 보게하고, 당시 사람들의 견해, 특히 종교에 대한 견해를 비판하고 있다. 그의 목표는 우리에게 도덕적인 문제들과 종교적인 문제들에 대해 더욱더 깊이 생각해 보도록 만드는 것이다.

3. 오늘날 키에르케고르를 좋아하는 사람들 가운데는 그의 철학을 비종교적인 관점에서 해석하기도 한다. 그의 사상에서 종교가 차지하는 중요성은? 신을 믿지 않는 사람이 그의 사상에 동의할 수 있을까?

― 개중에는 자기들 입맛에 맞지 않는 키에르케고르의 사상 가운데 일부를 애써 모르는 척하면서 키에르케고르 철학의 중심 사상은 인간이 양심에 따라 살아야 한다는 것이라고 주장하는 사람들도 있다. 〈죽음으로 이르는 병〉에서 키에르케고르는 역사나 과학 탐구가 도덕적이거나 종교적인 지침을 마련해 줄 수 있다고 생각하는 사람들을 비판하면서 신과의 사적인 관계에 의지하라고 촉구한다. 그가 이해하는 신을 개인의 양심 같은 개념으로 대치하면, 그의 철학은 도덕적 독립독행 같은 현세적인 처세의 방도로 해석될 수 있다. 어쨌든 신과 직접 의사소통을 한다는 것이 우리가 직관적으

로 확고한 것이라고 믿는 도덕적 개념들을 따른다는 의미가 아니라면, 실제로는 어떤 의미인지 파악하기가 어렵다. 그러나 종교는 〈죽음으로 이르는 병〉의 주된 관심사다. 그리스도의 가르침을 무시하는 것은 죄다. 그리스도가 인간에게 계시한 진리들은 세상 어떤 것보다 존귀하다. 키에르케고르의 철학을 비종교적으로 해석할 수 있느냐의 여부와는 관계없이 그의 주요 관심사는 당시의 대다수 사람들과는 달랐지만 자기가 옳다고 믿는 그리스도교에 대한 이해를 세상에 전하는 것이었다고 볼 수 있다. 그는 독자들이 그리스도교 신자들이고 그리스도교의 올바른 해석에 관심을 가질 것이라고 생각했던 것 같다.

4. 키에르케고르의 문체에 대해 논하라. 그의 문체는 그의 철학 사상이 전하고자 하는 바에 어떤 영향을 미치는가? 그가 좀더 직설적인 문체를 썼다면 그의 철학 자체가 바뀌었을까?
   (제1부 A. '풀어보기' 참고)

5. 키에르케고르가 생각하는 절망의 개념에 대해 논하라. 어떤 사람이 절망으로 고통을 겪는가? 절망은 어떤 유형들을 취하는가? 절망은 왜 문제가 되는가? 그에 따르면, 그리스도교는 절망에 대해 어떻게 말하는가?

6. 키에르케고르가 이해하는 죄에 대해 논하라. 죄는 절망과 어떤 관계가 있는가? 어떤 부류의 사람들이 죄 속에서 사는가? 죄는 왜 문제가 되는가? 죄의 반대는 무엇이며, 어떻게 죄에서 벗어날 수 있는가?

7. 키에르케고르는 〈죽음으로 이르는 병〉의 여러 곳에서 절망의 유일

한 해결책에 대해 말한다. 그가 제시하는 해결책은 무엇인가? 그 방법에 대해서는 어떤 식으로 논증하는가?

8. 키에르케고르는 '과학자,' '학자,' '생각에 골몰하는 사람들'은 물론, 사물과 사실의 세계를 이해하려고 전념하는 사람들을 자주 비판한다. 비판의 내용은 무엇인가? 그가 지지하는 대안은? 그의 견해에 동의하는가?

9. 키에르케고르는 〈죽음으로 이르는 병〉의 독자들이 어떤 반응을 보일 것으로 예상했다고 생각하는가? 그는 어떤 독자들을 목표로 삼았는가? 이 책을 읽고 난 사람의 삶이나 믿음은 어떻게 변해야 한다고 생각하는가?

10. 〈죽음으로 이르는 병〉에 대한 당신의 의견은? 인간은 반드시 신과 개인적인 관계를 맺어야 한다는 키에르케고르의 주장이 강압적이라고 생각되는가? 그가 비판하는 객관적 세상에 대한 탐구가 도덕적·종교적·지적 지침을 제시할 수 있다는 견해에는 어떤 이점들이 있는가?

다음 질문에 알맞은 답을 고르시오.

1. 키에르케고르는 서문에서 종교를 다루는 책은 어때야 된다고 말하는가?

   A. 학문적

   B. 과학적

   C. 가능한 한 역사적으로 정확해야

   D. 진지하고 스스로 생각해 보게 해야

2. 그리스도교 신자들에게 '죽음으로 이르는 병'은?

   A. 홍역

   B. 절망

   C. 과식

   D. 모든 육신의 질병

3. 키에르케고르에 따르면, 그리스도교에 대한 책을 쓰는 사람은 어떤 직업을 가진 사람의 태도를 취해야 하는가?

   A. 변호사

   B. 교수

   C. 의사

   D. 마부

4. 절망을 극복하기 위해 인간 각자는 누구와 사사로운 관계를 맺어야 하는가?

   A. 자신을 존재하게 한 힘

   B. 우체부

C. 물질 세계

D. 소크라테스

5. **황제가 되고 싶지만 되지 못한 사람은 실제로는 무엇에 절망하는가?**

    A. 자기 자신

    B. 황제

    C. 황제가 되지 못한 것

    D. 무도회에 동행할 여자 친구

6. **절망을 해소하기 위해 필요한 것은?**

    A. 종교공동체

    B. 의사의 도움

    C. 시금치와 또 다른 채소들

    D. 지속적인 노력

7. **절망이 가장 심한 상태는?**

    A. 가장 조금 의식할 때

    B. 가장 많이 의식할 때

    C. 가장 많이 우울할 때

    D. 가장 조금 우울할 때

8. **그리스도교 신자들에게 절망이란?**

    A. 즐거운 시간

    B. 죄

    C. 사탄 숭배

    D. 다른 사람들이나 마찬가지

9. **키에르케고르에 따르면, 소크라테스는 죄를 무엇이라고 정의했는가?**

A. 교만

B. 과도한 음주

C. 절망

D. 무지

10. 죄의 반대는 무엇인가?

A. 행복

B. 덕

C. 무관심

D. 신앙

11. 합리적으로 생각해 볼 때, 그리스도교의 가르침은 어떠한가?

A. 본 때 없다

B. 터무니없다

C. 타당하다

D. 전망이 밝다

12. 죄는 무엇이라고 이해하는 것이 옳은가?

A. 덕의 부재

B. 욕정

C. 육신의 악행

D. 정신의 상태

13. 가장 큰 죄는?

A. 그리스도교가 진실이 아니라는 선언

B. 자신의 죄에 대한 절망

C. 대량 살인

D. 신이 자신의 죄를 용서하지 않을 것이라는 믿음

14. 죄와 절망을 해소할 수 있는 것은?

    A. 신앙

    B. 자살

    C. 고백

    D. 다른 종교 믿기

15. 〈죽음으로 이르는 병〉의 초판이 출간된 해는?

    A. 1831

    B. 1959

    C. 1849

    D. 1754

16. 키에르케고르의 국적은?

    A. 덴마크

    B. 핀란드

    C. 러시아

    D. 독일

정답

1. D   2. B   3. C   4. A   5. A   6. D   7. B   8. B   9. D   10. D

11. B   12. D   13. A   14. A   15. C   16. A

一以貫之 논술노트

一以貫之는 '논어'에 나오는 말로 '모든 것을 하나의 이치로 꿴다'는 뜻입니다.

논술의 주제와 문제 유형, 제시문들은 참으로 다양하고 가지각색입니다. 그러나 그 모든 것을 하나로 꿸 수 있습니다. '인간사회의 보편적 문제들에 대한 근원적인 물음에 답하는 자기 나름의 견해'라는 것이지요. 논술은 인간이면 누구나 부닥치는 개인적 또는 사회적 문제들에 대한 자기 나름의 고민이자 성찰입니다. 논술은 자기견해, 자기 가치관, 자기 삶에 대한 솔직한 고백입니다.

一以貫之 논술연구모임은 '자신의 물음'과 '자신의 생각'을 갖고 '자신의 글'을 쓸 수 있도록 도와줍니다.

〈집필진〉
정문철, 김규형, 김재년, 이호곤, 우한기, 박규현, 김법성, 김병학, 도승활, 백일, 우효기, 조형진

종교적으로 실존한다는 것:
절망에서 신앙으로

책을 쓸 때마다 제각기 다른 이름으로 발표하는 사상가가 있다. 그는 익명으로 기독교의 진리를 전하고 있고, 사람들이 그 속에서 올바른 기독교 신앙을 얻기를 바라고 있다. 바로 키에르케고르이다. 이처럼 키에르케고르가 일종의 기독교 전도를 위해 책을 쓰면서 굳이 익명을 사용한 이유는 무엇일까? 우리 현대사가 잘 말해 주듯 사상검열의 시대엔 어쩔 수 없이 필명을 사용할 수밖에 없었던 암울한 상황이 있었지만, 그의 시대는 기독교의 시대라 그 같은 이유와는 좀 거리가 멀다. 자신의 정체를 감추고 책을 쓴다는 것은 일종의 겸손의 표현일 수 있다. 자기의 앎이 온전히 자기 것만은 아니라는 사실을 의미한다는 뜻에서라면 그렇다. 아니면, 인간이 언제나 객관적 존재일 수는 없음을 의미한다고도 볼 수도 있다. 시간의 흐름과 사상의 흡수 여하에 따라 조금씩 바뀔 수 있는 것이 인간의 사유라고 한다면 그렇다. 또는 어쩌면 작가는 자기의 사유를 누군가에게 전달하는 방식에 대해 철저히 고민했을 수도 있다. 어떤 특정 권위에 의해서가 아니라 독자 스스로가 자진해서 참여하는 글읽기 방식을 위해 익명의 이름을 사용했을 수도 있다.

안티-클리마쿠스(Anti-Climacus)라는 필명으로 집필한 〈죽음으로 이르는 병〉에서도 역시 그가 전달하고자 한 논의의 핵심은 기독교 신앙 전파다. 그러나 이 책을 기독교라는 일개 종교의 단순한 포교를 위한 관점에서만 읽는다면 그 의미는 반감될 것이다. 그가 바라보는 기독교와 종교의 의미가 그리 단순하지 않기 때문에 그러한 기독교와 종교에 이르는 방법 역시 아주 많은 함의를 띨 수밖에 없음을 알아야 한다. 따라서 그가 말하는 '죽음과 그것에 이르는 병'의 의미는 그의 논의를 한참 따라 읽는 가운데 명확해질 것이다.

서양의 철학과 문학, 그리고 신학의 교양을 두루 포괄하고 있는 만큼, 이 책을 읽는 과정은 그리 녹록치 않다. 그만큼 꼼꼼히 읽을수록 얻는 것도 많다는 의미가 된다.

현실 교회와 세태 비판

그런데 그와 똑같은 일이 그리스도교적으로 신앙이 두터운 목사들의 입에 오르내리고 있다. 그들은 그리스도교를 '변호한다' 라든지 '이유(理由)'라든지로 번역한다. 뿐만 아니라 건방지게도 사변으로 '개념적인 파악'을 하려고 한다. 그리고 그것이 설교라 는 것으로 불리면서, 그 같이 설교되고, 그 같은 설교를 듣는 사람 이 생기기도 하는데, 그리스도교계에선 그것만으로도 대단한 일 인 양 간주되고 있다. 또 그렇기 때문에 그리스도교계 (이것이 그 증거이지만) 스스로가 자칭하고 있는 일이긴 하지만, 대부분 사 람들의 생활은 너무도 그리스도교적 순수정신을 상실하고 있으므 로 엄밀히 그리스도교적인 뜻으로는 죄라고 할 수조차 상정될 수 없을 정도이다.(295쪽)*

키에르케고르의 저서들은 주로 기존 교회에 대한 비 판으로부터 출발하고 있으므로 현실 기독교 교회를 비판하 는 대목부터 살펴보자. 그의 비판은 일단 목사들, 특히 그들 의 설교에 초점을 맞추고 있다. 세상의 관점에서 그럴듯하 게 성경을 해석하고 사람들의 귀를 즐겁게 해주고 있는 목 사들의 설교를 비판하는 것. 신도들의 삶이 기독교 정신과 동떨어진 세태의 책임은 일차적으로 목사들에게 있다는 것 이다. 오늘날 우리 기독교 교회 현실에 대한 비판이라고 간

---

* 키에르케고르 〈불안의 개념/죽음에 이르는 병〉 강성위 옮김.(지문 인용은 동서문화사 판본을 주로 하고, 부분적으로 한길사 판본을 취함. 지문 쪽수는 동서문화사 판본)

주해도 무방하다. 우리는 교회생활과 사회생활이 완전히 이중적인 기독교인들을 쉽게 볼 수 있다. 그런데 그 이유가 어디에 있냐 하면 바로 목사들의 잘못된 설교에 있다는 것이다. 목사들은 신도들을 더 끌어 모으기 위해 웬만해선 신도들을 향해 꾸짖지 않는다. 기독교 정신에 올바른 삶이 무엇인지 성경에 토대를 두고 직언해야 하는데도 그러질 않고 있거나, 아니면 에둘러서 유화적으로 넘어가곤 하는 것이다. 그리고 그러한 기독교 정신은 성서 표면에 드러난 구절 몇 개를 달랑 해석하고 개념 파악을 한다고 해서 찾아지는 것도 아니다. 설교가 올바른 삶을 통해 우러나오지 않고 말만 넘실대고 기독교의 우위성만 변호하는 차원에서 이루어진다면, 진정한 설교라고 할 수 없다. 따라서 신도들의 삶이 올바른 기독교 정신에 따른 삶이기 위해서는 목사의 삶 자체가 먼저 그러해야 한다는 결론이 나온다.

그러나 아아, 그렇게 많은 사람들이 모든 사상 가운데서 가장 축복받은 이 사상을 취하고도 그처럼 허송세월을 보내고 있으니 비참하다. 인간 대중을 인생 연극에 열중케 함으로써 협력자로 만들어놓고 있으면서도 이 축복에 관한 것만을 그들이 절대로 기억하지 못하게 하고 있으니 비참하다. 그들을 따로따로 떼어놓고 한 사람 한 사람에게 그것 때문에 산다고 할 수 있는 최고이고 또 유일한 것을 획득하게 한다면, 그로 인해 인생은 가치 있는 것이

되며 그 안에서 사는 것은 영원도 결코 길 수 없다. 그런데 그와 반대로 인간이 기계처럼 사용되기 위해 군중으로서 긁어모아지고 있는 이 비참함이 존재한다는 것을 생각하면, 나는 울어도 울어도 시원찮은 기분인 것이다.(202쪽)

카뮈의 〈시지프 신화〉의 한 대목이 연상되는 구절이다.* '모든 사상 가운데서 가장 축복받은 이 사상'은 당연히 기독교 정신을 의미할 것이다. 기독교적이지 못한 삶을 그는 '허송세월', '인생 연극에 열중케 함으로써' 참다운 축복을 잃어버린 삶, '군중으로서 획일화되어 기계처럼 사는 삶' 등으로 묘사한다. 그렇다면 그가 생각하는 기독교 정신, 혹은 기독교 신자로서의 삶이 어떤 삶인지 분명히 알 수 있다. 바로 획일화되지 않는 삶이다. 군중의 무리 속에 섞여 들어가 자기 것 없이 맹목적으로 어울리지 않는 삶이다. 그리고 그런 삶은 정말 소중한 것, 내 삶에서 최고이며 유일한 것이 무엇인지 깨달을 때 가능하다. 그것이 기독교라는 것이다. 기독교의 전도 차원이 아니라면 키에르케고르의 주장은 카뮈의 주장과 유사하다. 다만 카뮈는 '권태' 속에서 그 해결

---

* 무대장치들이 문득 붕괴되는 일이 있다. 아침에 기상, 전차를 타고 출근, 사무실 혹은 공장에서 보내는 네 시간, 식사, 전차, 네 시간의 노동, 식사, 수면 그리고 똑같은 리듬으로 반복되는 월·화·수·목·금·토, 이 행로는 대개의 경우 어렵지 않게 이어진다.(알베르 까뮈 〈시지프 신화〉 김화영 옮김. 책세상. 28쪽)

책을 찾고 있음이 다를 뿐이다.

다만 어느 날 문득, '왜?'라는 의문이 솟아오르고 놀라움이 동반된 권태의 느낌 속에서 모든 일이 시작된다. '시작된다'라는 말은 중요하다. 권태는 기계적인 생활의 여러 행동들이 끝날 때 느껴지는 것이지만, 그것은 동시에 의식이 활동을 개시한다는 것을 뜻한다. 권태는 의식을 깨워 일으키며 그에 뒤따르는 과정을 야기시킨다. 뒤따르는 과정이란 아무 생각 없이 생활의 연쇄 속으로 되돌아오는 것일 수도 있고 아니면 결정적인 각성일 수도 있다. 각성 끝에 시간과 더불어 결말이 오는데 그것은 자살일 수도 있고 아니면 원상회복일 수도 있다. 권태 그 자체는 어딘가 좀 메스꺼운 데가 있다. 여기서 나는 이 권태가 이로운 것이라고 결론지어야만 하겠다. 왜냐하면 모든 것은 의식에 의하여 시작되며, 의식에 의한 것이 아니면 그 무엇도 가치 있는 것이 아니기 때문이다.(〈시지프 신화〉 28-29쪽)

카뮈가 말하는 권태의 느낌은 키에르케고르식으로 말하면 삶에 대한 절망의 느낌이라 할 수 있을 것이다. 그리고 그 절망은 기독교 정신을 잃어버린 자가 갖게 되는 느낌이라 할 수 있다. 아무튼 그에게 기독교 정신의 각성은 카뮈의 권태와 같은 역할을 한다. 일방적으로 주어진 삶에 대한 환멸과 각성, 그리고 이어서 자기로서의 삶으로의 도약

이 뒤따르게 된다는 것이다. 물론, 그 진행 과정이 그렇게 순탄하지 못할 것임은 충분히 짐작할 수 있다. 그러나 자기로서의 삶을 살기 위해서는 신과 같은 절대자와의 맞닥뜨림을 외면해서는 안 되며, 인간만이 그럴 수 있는 존재이기도 하다.

인간에게는 신 앞에 있다는 것이 견딜 수 없이 고통스러운 때가 있는데, 그때 인간은 자기 자신에게 돌아올 수 없는 상태에 있고, 자기 자신일 수가 없기 때문이다. … "나는 참새가 살고 있는 이유를 알 수 있다. 그것은 참새가 자신이 현재 신 앞에 있다는 것을 모르기 때문이다. 그러나 사람은 자신이 현재 신 앞에 있다는 것을 알게 되면, 그 순간에 미치거나, 파멸할 수밖에 없는 것이다!"(207쪽)

인간이 참새나 여타 동물과 다른 점은 스스로 자신을 대상화해서 바라볼 수 있다는 것이다. 그리고 그러한 자기의식은 신과 같은 절대자에 대한 의식에서부터 출발한다는 것이다. 그러나 자기에 대한 철저한 자각은 인간 양심의 극단적인 고통을 동반하게 되고, 신에 대한 인식의 결과는 광기와 파멸 같은 극단적인 고통을 동반한다. 카뮈가 말한 권태의 의미가 자살이나 새로운 삶으로의 회복 같은 정도의 수준에서 말하는 것이라면, 키에르케고르 역시 신과의 만남을 전 인격체를 송두리째 흔드는 엄청난 수준에서 논의를 전개하고 있음을 알 수 있다. 마치 사도 바울이 그랬던 것처럼.* 인간 삶의 허위의식을 깨뜨리기가 그만큼 어렵다는 것을 의미한다. 그리고 대다수 사람들이 말하는 나름대로의 훌륭한 삶, 그런대로의 괜찮은 삶을 키에르케고르는 심층적인 차원에서 매우 절망적인 눈으로 바라본다.

그러나 인간이 이와 같이 공상적이 되어 절망하고 있는 경우에 그런 상태는 대개 눈에 띄게 되지만 그래도 인간은 그 나름대로 훌륭하게 살아갈 수 있다. 즉 겉으로 보기엔 보통 인간으로서 평범한 일에 종사하면서 결혼하고, 애를 낳고, 존경을 받거나 명성을 얻기도 하면서 살 수 있다. 그러나 그는 더 깊은 의미에서는 자기가 부족하다는 점을 알아차리지 못하는 것이다. 세상 사람들은 자기를 가지고 크게 떠들어대지는 않는다. 왜냐하면 자기라는 것은 세상에서는 크게 문제가 되지 않는 것이고, 그것을 가지고 있다는 것을 드러낸다는 것이 무엇보다도 위험한 것이 되어버리기 때문이다. 자기 자신을 잃어버린다는 최대의 위험이 세상에서는 마치 아무것도 아닌 양 매우 조용히 행해지고, 거기에는 또한 상실감도 없다. 다른 것이라면 팔 하나, 다리 하나, 아내, 또는

----

* 사울이 다메섹의 교회를 핍박하러 가던 중 하늘의 이적 속에서 그리스도를 만나 사울(가장 큰 자)에서 바울(가장 작은 자)로 바뀐 사건. 교회를 핍박하던 사울은 그 이후, 사도 바울로서 초기 기독교 전파와 정립에서 가장 중요한 인물이 된다.(사도행전:9:1-9)

그의 아무리 사소한 것이라도 잃어버렸을 때는 곧 알게 되면서도 말이다.(207쪽)

맹자의 방심(放心)이 생각나는 대목이다. 고자(告子) 상편에서 맹자는 사람들이 닭과 개를 잃어버리면 찾을 줄 알면서 마음을 잃어버리고는 찾을 줄 모른다고 말하며 학문하는 방법이 곧 자신의 잃어버린 마음을 찾는 것이라고 강조한다. 이처럼 맹자가 자신의 마음을 찾는 것(求放心)의 중요성을 강조했듯, 키에르케고르도 마음과 같은 본질적인 것의 상실에 대해 경종을 울린다. 성경에서 손, 발, 눈과 같은 신체가 범죄케 하면 그것을 갖고서 지옥에 가는 것보다 그것을 잃고서 천국에 가는 게 낫다고 말한 대목* 역시 그 의도한 바는 동일할 것이다.

그러나 현실 세상은 아무래도 당장 눈앞의 좋은 것들에 무한한 가치를 보내고, 인간과 인간 사이의 구분에만 집착한다. 이처럼 키에르케고르가 보기에 세상에서 문제로 삼는 것은 단지 지적이거나 미적인 편협함일 뿐이다.** 정작 중요한 것은 유일하게 필요한 것, 정신적으로 무한하게 되

---

* 마가복음 9:43-47
** 키에르케고르에게서 실존은 주어진 현실 조건에 안주하는 '미학적(감성적) 단계'에서 출발해 '윤리적(인륜적) 단계', '크리스트교적 (종교적) 단계'로 상승하고, 이 세 단계 각각은 헤겔, 소크라테스, 예수에 의해 대변된다.(질 들뢰즈 〈차이와 반복〉 36쪽. 역자 해설)

는 것인데, 사람들이 추구하는 것은 반대로 일률적인 것, 정
신적으로 유한한 존재인 것이며, 이것은 곧 자기상실을 의
미한다.

신약성서에 나오는 마르다와 마리아 이야기는 좋은 사
례가 될 수 있다. 예수의 이야기를 듣는 마리아와 이런저런
일을 준비하기 바쁜 마르다. 혼자 바쁜 언니 마르다는 일
안하는 동생 마리아를 가리키며 예수께 잔뜩 불평을 늘어
놓지만, 이 둘 가운데 예수는 마리아를 더 중히 여기셨다.*
이것은 예수가 마리아의 말씀 듣는 행위를 세상만사 걱정
하며 분주히 움직이는 일보다 훨씬 본질적이고 중요한 일
로 보았기 때문이다. 즉 마리아의 행위는 무한한 생명을 획
득하는 일로서 그 무엇보다 중요한 일이었던 것이다.

그와 같은 인간은 자기 주위에 있는 많은 인간의 무리를 보
고 여러 가지 세상사적인 속된 일에 종사하며, 분주히 일하면서
세상일에 익숙해짐에 따라 자기 자신을 망각해 버리고 만다. 그래
서 자기(신적인 의미에서)가 어떤 이름을 가진 사람인가 하는 것
도 잊어버리고, 또한 자기를 믿으려고도 하지 않고, 자기 자신이
고자 하는 것은 도리에 어긋난다고 생각하기에 이른다. 다른 사람
들처럼 행동하고 있는 편이, 즉 원숭이처럼 흉내나 내며 있는 것,

---

* 누가복음 10:38-42

다시 말해 많은 사람들 가운데 평범한 하나가 되어 섞여 있는 편이 훨씬 마음 편하며 안전하다고 생각해 버리는 것이다.

그런데 이런 형태의 절망을 세상 사람들은 전혀 알아차리지 못하고 있다. 그러한 인간들은 그렇게 함으로써 자기 자신을 잃어버렸기 때문에, 거래를 잘 해치우는 솜씨를, 아니 세상에서 성공할 만큼의 능숙한 솜씨를 획득한 것이다. 세상에는 그런 사람의 자기라든지, 그런 사람의 무한화를 방해하거나 곤란하게 하는 것이 없다. 그런 사람은 조약돌처럼 깎이고 닦여서 화폐처럼 유통된다. 세상은 그들을 절망하고 있다고 보기는커녕 흔히 그렇듯 인간다운 인간으로 보는 것이다.(209쪽)

'원숭이처럼 흉내나 내며' 지내는 삶은 대다수 현대인들의 삶이라 할 수 있다. 흉내나 내며 산다는 것은 안전한 삶이며, 남들 보기에 매끄러운 삶일 수 있고, 세상에서 출세하기 위한 최소한의 조건이며, 남들에게 인정받는 삶으로 유통될 수 있다. 본질적인 것에 대한 고민 없이 살아가는 삶, 그러한 삶은 절망적인 삶이라 할 수 있다.

카프카가 원숭이의 보고서를 통해 인간 자유를 들먹일 때, 도스토예프스키가 지하실에서 참된 '실제의 삶'에 대한 〈수기〉를 남길 때 그들이 지적한 것은 바로 이러한 인간 실존의 측면에서 키에르케고르의 문제의식을 반복하고 있는 것이리라.

역설의 신앙: 구원에 이르는 방식

그 신앙이야말로 내가 이 책 전체의 중심으로 마치 항로 표지를 목표로 하여 키를 잡고 있는 것과 마찬가지인 것이다. 신앙이란 자기가 자기 자신이고자 함에 신 안에 투명한 기초를 두고 있는 것이다.

그러나 죄의 반대가 덕이라고 사실 종종 생각되어 온 일이 있다. 그렇게 보는 것은 상당히 이교적인 사고방식으로서, 죄를 단순히 인간적인 척도로 달게 받아들여, 죄가 무엇인지를, 또 모든 죄가 신 앞에 있다는 것을 결코 모르는 것이다. 그래서 죄의 반대는 덕이 아니라 신앙이다. 그러므로 〈로마서〉 14장 23절에는 신앙에 의하지 않은 모든 것은 죄라고 씌어 있다. 그래서 죄의 반대가 덕이 아니라 신앙이라는 것은 그리스도교 전체에서 가장 결정적인 규정 가운데 하나이다.(270쪽)

죄의 반대가 신앙이라는 것, 이것이 이 책의 핵심이고, 이 책을 지은 동기라고 말한다. 이것은 곧 죄에서 구원받을 수 있는 유일한 방법은 신앙에 의해서일 뿐이라는 말이다. 그런데, 이 신앙에 의한 구원의 방법은 이교적인 사고방식과는 정반대다. 그것은 인간의 합리적이고 논리적인 사변이 아닌 신의 역설과 계시의 방법을 필요로 한다. 따라서 이 책에는 온갖 역설의 말들이 범람한다.

절망은 전적으로 변증법적이기 때문에 병이기도 하지만, 그 병에 걸려본 적이 없다는 것은 최대의 불행이고, 그 병에 걸리는 것이 진정한 신의 은혜라고 말할 수 있음직한 병이다.(201쪽)

어떤 뜻으로는 신에게 덤벼든다고도 할 수 있는 이 부정적 반항의 말을 신이 들을 수 있게 하기 위해서, 인간은 가능한 한 신에게서 멀리 떨어져 있어야만 한다. 신이 있는 곳으로 더 가까이 다가갈 수 있는 것은 신에게서 더 멀리 떨어져 있을 경우이다. 신에게 가까이 다가서기 위해서는 신에게서 떨어져 나가야만 한다. 신 가까이 있으면 신에게로 다가설 수 없는 것이다. 가까이 있다는 것은 결국 더 멀리 떨어져 있는 것이다. (311쪽)

그리스도는 그 지극한 사랑으로 말미암아 인간을 전례가 없을 정도로 비참하게 한다. (324쪽)

이 책에는 이런 역설어법이 도처에 널려 있다. 가히 역설의 달인이라 할 만하다. 인간 삶 자체가 역설적인 상황 속에 놓여 있다면 이러한 역설 어법이 오히려 합리적이라 할 수 있지 않을까? 이처럼 그가 역설 어법을 구사하는 이유는 그가 바라보는 인간 삶의 성격과 관련된 것이다. 그리고 그 가운데 그리스도라는 타자가 존재한다.

그리스도는 인간의 모습을 한 신이라는 점에서 신인

동시에 인간이며, 반대로 인간도 아니며 신도 아니다. 키에
르케고르가 신과 인간 사이에 무한한 질(質)의 차이가 있다
고 말한 것은 바로 이러한 타자로서의 그리스도를 염두에
둔 것이다. 신이면서 인간의 모습을 한 이가 기적의 능력으
로서만 사람들을 가르칠 수밖에 없다는 것은 신 자신의 비
참함, 무기력함이기도 하다. 그리스도는 자신으로 인해 인
간들이 넘어지지 않기를 바란다. 비천한 인간이 신의 능력
을 행사하는 것을 보고서 좌절한다는 것은 타자로서의 그
리스도를 이해할 수 없음을 의미한다.

　가라타니 고진은 이러한 그리스도의 타자성을 비트겐
슈타인의 언어게임에 비유하여 설명한다. 비트겐슈타인이
'우리의 언어를 이해하지 못하는 사람, 외국인이나 아이'라
는 타자를 도입하여 커뮤니케이션의 역설을 말하는 방식이
키에르케고르적이라는 것이다.* 커뮤니케이션이 합리적으
로는 불가능한데도 불구하고 현실에서 이루어지고 있다는
사실은 그리스도와 인간의 관계에도 마찬가지로 적용된다.
무한자이면서 유한자인 그리스도를 무한과 유한의 대립이
라는 인간의 관점에서 바라보는 한, 그 사이의 심연은 메워
질 수 없는 것이다. 따라서 이러한 그리스도라는 타자의 외
부성을 고려하지 않은 채 자기 내부의 공동체에서 습관적

---

* 가라타니 고진 〈탐구1〉 새물결. 160쪽

으로 행해지듯 그리스도를 자기 식으로 해석하는 순간 그리스도라는 타자는 사라진다. 이제 그리스도라는 타자가 사라진 그리스도교 세계에 그리스도는 없는 것이다. 모두가 그리스도교 신자인데도 누구 하나 그리스도교 신자는 아니라는 역설은 바로 이러한 맥락에서 이해될 수 있다.

그리스도의 사랑이 인간을 비참하게 할 때 그 사랑은 인간의 관점에서 볼 때 버거운 것이다. 도스토예프스키의 〈카라마조프 가의 형제들〉의 "대심문관"에서 추기경의 '지상의 빵의 자유'와 대립되는 예수의 '천상의 자유'는 자유로운 선택으로서의 자유를 의미한다. 이러한 자유를 기존의 제도화된 그리스도교 신자들은 쉽게 외면하게 된다. 따라서 이러한 자유를 향한 신앙이란 호교적으로 쉽게 내뱉듯 회개하면 구원받으리라는 전도 문구와는 달리 도달하기 어려운 것이다. 따라서 구원에 대한 절망을 깨닫는다는 것은 이러한 어려움을 안다는 것을 의미하며, 이것은 한 차원 높은 구원을 향해 나아감을 의미하기에 병일 뿐만 아니라 은혜이자 축복이기도 하다. 제도화된 그리스도교 안에 안주한다는 것은 신 가까이 있는 것이 아니라 오히려 신과 멀리 떨어져 있는 셈이다. 오히려 기존의 그리스도교에 대해 문제의식을 갖고 신의 용서를 거부하는 반항에서 그리스도와 가까워질 수 있는 가능성이 열린다. 이러한 반항은 근본적으로 그리스도에 대한 형식적 믿음에서 벗어나 주체로 바라볼 수 있는 거리를 확보할 수 있기 때문이다. 타자로서의 그리스도를 발견할 수 있는 눈은 이렇게 좌절의 깊이의 정도에 비례한다.

절망, 죽음으로 이르는 병

이 책의 제목인 '죽음으로 이르는 병'은 곧 '절망'이다. 책의 첫 부분에서 성경에 나오는 나사로의 죽음을 사례로 들며 육체적인 병과 죽음조차 '죽음으로 이르는 병'이 아니라고 말하는데, 이것 역시 그리스도라는 타자를 전제로 한 사유 방식이다. 병든 나사로, 죽은 나사로의 곁에 그리스도가 존재하는 한, 육체적인 병, 육신의 죽음은 진정한 죽음에 이르지 않았다. 그리스도교적 의미에서 진정한 죽음이란 인간이 인간인 한, 그 존재를 알 수 없는 비참한 정신적 조건이다. 그리고 그러한 비참함에 이르는 병, 즉 그리스도인으로서 가장 소름끼치게 하는 위험이 '절망'이다. 결국, '인간이 정신으로 규정되어 있는 것을 자각하고 있지 않다는 것, 이것이야말로 진짜 절망'이고, 〈죽음으로 이르는 병〉은 이러한 절망이란 병에 대한 해설서라 할 수 있겠다. 책의 시작, 제1부 A. 맨 앞부분에서 말한 심원한 인간과 정신, 자기에 대한 정의는 바로 이러한 '절망'을 말하기 위한 것이다.

그 절망이 무엇인지 알기 위해서는 그가 말하는 인간과 자기에 대해 먼저 알아야 한다.

인간은 정신이다. 그런데 정신은 무엇인가? 정신은 자기이다. 그러면 자기는 무엇인가? 자기는 자기 자신과 관계하는 관계이며 또는 그 관계 안에서 자기 자신과 관계하는 관계이다. 자기는 관계가 아니라 자기 자신과 관계하는 관계이다. 인간은 무한한 것과 유한한 것의, 시간적인 것과 영원한 것의, 자유와 필연의 종합이며, 간단히 말해서 종합이다. 종합은 그 둘의 관계이며, 이렇게 보건대 인간은 아직 자기가 아니다.

그 둘의 관계에서, 관계는 부정적인 통일로서 제3의 것이며, 그 둘은 관계에 이어져 있되 관계 안에서 관계에 이어져 있다. 이리하여 영혼의 조건 아래에서는 영혼과 육체 사이의 관계는 하나의 관계이다. 만일, 그렇기는 하지만, 그 관계가 자기 자신과 관계한다면, 이러한 관계는 긍정적인 제3의 것인데, 그런즉 이것이 자기이다.*

인간은 유한하면서도 무한한 존재라는 것, 그리고 순간적이면서도 영원한 존재라는 것, 달리 말해 자유로우면서도 필연성에 얽매인 존재라고 말한다. 즉 인간은 하나로

---

* 쇠렌 키에르케고르 〈죽음에 이르는 병〉 임규정 옮김. 한길사. 55-56쪽

규정지을 수 없는 존재다. 따라서 인간에 대해 어느 하나로 규정을 내리는 사유 방식은 애초에 불가능하다는 결론이 나온다. 정신적 존재로서의 인간은 육체와 영혼을 함께 가진 이상 어차피 종합과 관계 속에서 정의내릴 수밖에 없는 존재다. 그리고 그 관계는 고정된 것이 아니고 계속 진행형으로 변화해 나간다.

여기서 자기는 단순한 종합이나 관계가 아니며, '관계가 자기 자신과 관계하는 것'이다. 모든 관계에는 세 가지의 것이 있거니와 이어진 둘(수학을 예로 들면, 5와 10이라고 하자.)과 관계 그 자체(절반, 두 배)가 바로 그것이다. 여기서 '자기'는 논리학, 수학 같은 단순한 물리적 대상, 관념적 대상 사이의 '부정적인' 관계, 즉 수동적인 관계가 아니라 적극적이고 인격적인 관계를 말한다. 즉 자기는 자기 자신을 적극적으로 종합해야 하기 때문에 두 관계항 사이의 관계를 적극적으로 성취하고 관리하는 관계다.*

이제 자신의 모든 힘을 다해서 자기 스스로 아니 오직 자기 혼자 힘으로만 그 절망을 깨뜨리려고 한다면, 그는 여전히 절망에 빠져 있는 것이며, 자신의 있음직한 모든 노력을 다 기울이지만 자신을 더욱더 깊은 절망의 늪으로 몰아넣을 뿐이다. 절망이라는

---

* 존 D. 카푸토 〈키에르케고르〉 웅진지식하우스, 171쪽

잘못된 관계는 단순히 하나의 잘못된 관계가 아니고, 그 자신에게 관계하는 동시에 타자에 의해 정립된 관계 안에서의 잘못된 관계이다. 따라서 그 자체로 존재하는 그런 관계에서의 잘못된 관계는 또한 그 관계를 정립한 힘에 대한 관계 안에서 자신을 무한히 반영한다.*

　여기서 키에르케고르가 말하는 '절망'은 그리스도라는 '타자' 없이 자기 자신이려고 하는 것임을 알 수 있다. 이는 인간의 자기라는 관계가 자기 자신뿐만 아니라 타자와도 관계를 맺는 가운데 성립하는 것이기 때문이다. 이처럼 타자의 외부성을 외면하고 자신의 내적인 과정을 절대화하는 것은 정신의 왜곡을 가져온다. 이것을 그는 '절망'이란 개념으로 설명한다. 그는 절망을 크게 '자기 자신이기를 원하지 않는 것'과 '절망적으로 자기 자신이기를 원하는 것'의 두 가지 형태로 나누고, 각각 '연약함'과 '반항'이라 이름 붙인다. 이때 자기의 성립 구조에서 타자라는 외부성을 알지 못할 경우엔, '자기 자신이기를 원하지 않는 것(연약함)'의 절망에만 머무르겠지만, 자기의 구조에 그리스도라는 타자가 관계한다는 것이 전제가 된 상태엔 두 가지 절망 상태가 모두 적용될 수 있다. 전자의 경우, 그리스도교 신자

---

* 쇠렌 키르케고르 〈죽음에 이르는 병〉 임규정 옮김. 57-58쪽

가 아닌 상태이므로 자신이 절망 상태에 있는지도 의식하지 못한다. 황제가 되고 싶지만 되지 못하는 사람의 절망은 지금의 자기를 원하지 않는 것을 의미하며, 애인을 잃은 처녀의 절망 역시 사랑받지 못하는 자기를 원하지 않는 것을 의미한다. 이들의 절망은 그리스도와는 무관하게 자기가 만들지 못하는 새로운 삶에 대한 좌절에 대한 절망이고, 그들의 의지의 부족, 즉 연약함을 의미한다. 한편, 후자의 경우, 연약함과 반항은 이미 그리스도라는 타자와의 관계를 전제로 한 절망이다. 이때, '연약함'이 현실적 여건 또는 영적인 나약함으로 인해 그리스도와의 관계 속에서 진정한 의미에서의 '자기 자신을 찾고자 하지 않는 절망'이라면, '반항'은 자각적으로 그리스도와의 관계를 거부하고 영적인 면을 얕잡아 보는 상태로서, 스스로 자기 삶의 완전한 주인이고자 하는 '자기 자신이기를 바라는 절망'을 의미한다.

그러나 후자의 경우, 연약함과 반항은 종교적 실존에 대한 보다 엄격한 기준을 적용하게 되면 모두 연약함으로 환원될 수 있다. 즉 신에 대한 자신의 존재론적 의존을 인정하지 않는 반항은 겉으로 보기에는 강한 듯이 보이지만, 종교적 실존을 영위하는 것보다는 훨씬 쉬운 일, 연약한 일이기 때문이다.*

---

* 쇠렌 키에르케고르 〈죽음에 이르는 병〉 임규정 옮김. 36쪽(역자 해설)

아무튼 절망의 상태는 인간 존재에 대한 이해와 관련된 자신의 절망에 대해 알수록 더 심해진다고 할 수 있다. 그러나 역설적으로 죽음에 이르는 병인 절망으로부터 구원될 가능성은 절망하고 있음을 인정하는 사람이 그렇지 못한 사람들보다 더 높다고 말할 수 있다. 이는 자신의 절망에 대한 의식이 더 깊을수록 자기를 구성하는 관계성, 즉 그리스도와의 관계 속에서 자신에 대한 정신적 자각이 앞서 있기 때문이다.

단독자의 발견: 무리(일반성)에서 벗어나기

하나의 자기가 되는 대신 하나의 숫자적 인간이 되어 이 영원히 일률적인 것에 가해지는 또 하나의 인간, 또 하나의 되풀이가 되어버리는 것으로 인해서 자기를 잃어버리고 있는 것이다.(208쪽)

그리스도교는 죄의 교설로부터 시작된다. 죄의 범주의 속성은 단독성이다. 죄는 사변적으로는 결코 사유될 수 없다. 다시 말해 단독의 인간, 즉, 개인은 개념 아래에 있기 때문에, 사람은 어떤 한 인간을 직접 사유할 수는 없고 단지 인간이라는 개념을 통해 사유할 수 있을 뿐이다. 그래서 사변은 금방 낱개보다는 동류

무리가 우위라는 설에 빠져든 것이다.(316쪽)

　따라서 좌절은 단독자에게 관련된다. 그런 점에서, 즉 인간 각자를 단독자나 단독의 죄인으로 만드는 데서 그리스도교는 시작되는 것이다.(319쪽)

　단독성은 그리스도교의 시작이다. 키에르케고르의 개념 중에서 가장 중요한 것에 속하는 단독성은 사변적 사유가 지향하는 보편성을 비판하는 역할을 한다. 죄를 짓는 인간은 보편적인 죄인이 아니라 바로 나와 너라는 단독의 인간이라는 것이다. 이처럼 자신을 보편의 그늘 아래 감추지 않고 죄를 자기의 문제로 바라보는 데서 인간 실존은 비로소 시작된다.

　현실의 그리스도교의 문제는 이러한 단독성을 잃어버린 데서 찾을 수 있다. 죄를 사유하고자 하는 종교, 그것도 죄 전체를 개념적으로 사유하고, 너와 나라는 단독의 인간이 아닌 인류 전체를 사유하고자 하는 보편성의 울타리 속에서 죄의 심각성은 사라진다. 이로써 그리스도교는 잘못된 길을 가고 있다. 따라서 그리스도교가 새롭게 그리스도교 정신을 회복하는 길은 이러한 단독자의 죄인, 죄의 단독성을 회복하는 데서부터 비롯될 것이다.

　예수가 말한 '양 99마리를 들에 놔두고 잃어버린 양 한 마리를 찾아 나서는 목자'의 비유를 수량의 문제로 접근하면 결코 답이 나오지 않는다. 한 마리의 양은 세상에서 유일한 단독의 양이기 때문에 소중한 존재다. 그리스도교는 이처럼 인간 각자를 무리와 집합에서 벗어난 단독자로 보는 데서부터 시작된다.*

사르트르는 〈말〉에서 어린 시절을 떠올리며, 당대의 종교와 제도화된 종교의 허상에 대해 신랄하게 비꼬고 있다.

물론, 우리 집안에서는 모두가 믿음을 가지고 있었다. 그러나 체면상의 믿음이었다. … 무신론자라면 곧 괴물을 의미했다. 그는 터무니없는 짓을 할까 봐 아무도 식사에 초대하지 않는 미치광이였다. 또한 교회에서 무릎을 꿇고 딸을 결혼시키고 달콤한 눈물을 흘릴 권리를 스스로 거부하는 따위의 숱한 금기로 가득 찬 편집광이었다. … 도처에서 신의 부재를 보고, 입만 열면 신이라는 말을 내뱉을 만큼 신에 미친 사람이었다. 요컨대 종교적 신념을 가진 인물이었다. 반대로 신자에게는 그런 것이 없었다. 이천 년 동안 기독교적 신념은 그 진가를 증명할 만한 충분한 시간을 가져 왔고, 만인의 것이 되었다. 그래서 그 신념이 사제의 눈망울에서, 어스름한 성당 안에서 빛나고 영혼들을 밝혀주기를 바랐

---

* 이런 맥락에서 볼 때, 구약의 "욥기"에서 드러난 재난은 단독의 인간을 간과하고 있는 것으로 보이기에 부조리하게 다가온다.(가라타니 고진 〈탐구2〉 새물결. 16쪽)

지만, 아무도 그것을 새삼 자기 자신의 것으로 삼을 생각은 하지 않았다. 그것은 이를테면 공동 유산이었던 것이다. 선남선녀들은 신에 대해서 이야기하지 않기 위해서 신을 믿었다. 종교란 참으로 너그럽게 보이고 편리한 것이었다! 기독교도는 미사에 빠지고도 자식들을 종교예식으로 결혼시킬 수 있었으며, …그들은 모범적인 생활을 해야만 하는 것도 아니었고 절망에 싸여 죽을 필요도 없었다.*

만인의 공동유산으로서의 종교, 그래서 대인관계의 원만함과 편안한 삶의 보장으로서의 종교 속에는 도리어 신에 대한 언급이 없다. 이미 진리로 승인된 종교인 이상, 더이상 스스로 그 진리의 진위 여부를 판별할 필요가 없다. 오히려 이러한 역할은 무신론자가 담당하고 있다. 그에겐 계속해서 그리스도교의 신에 뭔가 이해할 수 없는 구석이 있기 때문이다. 이렇게 어린 사르트르의 눈에 비친 당대의 프랑스 신자공동체는 모두 믿되, 아무도 믿지 않는 신앙공동체였다. 키에르케고르가 말한 그리스도 없는 그리스도교는 이렇게 제도권 교회에서 되풀이되고 있고, 오늘날에도 이러한 사정은 마찬가지다.

앞에서 키에르케고르는 인간 실존을 무한과 유한, 영원

---

* 장 폴 사르트르 〈말〉 정명환 옮김. 민음사. 108-109쪽

과 시간 사이에서 존재하며, 자유로운 선택 속에서 계속 운동하는 관계라고 말한다. 이렇게 자기 자신이 관계의 선택인 이상 인간 실존에 대한 개념은 완료형이 아니라 현재진행형이며, 고정된 것이 아니라 무한히 반복될 수 있는 것이다. 이때, 무한과 유한, 영원과 시간이란 이중의 역설이 가능한 계기는 그리스도라는 신인(神人)의 역설에 대한 신앙에서 유래한다. 즉, 신(무한, 영원)이자 인간(유한, 시간)인 그리스도라는 타자에 대한 믿음으로 인간은 시간적인 인간에서 영원한 존재로 전회할 수 있다는 것이다. 이렇게 신 앞에 홀로 선 단독자는 '군중'과 '무리', '집합' 속에서, 그리고 하이데거가 '세인'이라고 부른 것에서 벗어날 수 있다.

이러한 그리스도라는 타자에 대한 인식은 자기의식과 단일체계 속에 머무르는 사유와 구분된다. 이러한 점에서 키에르케고르의 실존주의는 사르트르와 카뮈의 무신론적 실존주의와 구분된다. 키에르케고르의 입장에서 볼 때, 사르트르와 카뮈의 사상은 심미적 측면과 윤리적 측면에 머물렀을 뿐, 최종적 단계인 종교적 측면을 망각한 것이다. 따라서 그들에게서 발견되는 '세계에서의 인간 실존의 불안에 대한 고뇌'라는 공통점에도 불구하고 이것을 해결하는 방식은 서로 나뉜다. 무(無)라는 심연을 건너기 위한 사르트르와 카뮈의 비장한 실존주의와 휴머니즘은 키에르케고르에겐 '진리에 매우 가까우면서도 그러한 이유로 진리에

서 멀어지는' 또 하나의 절망일 수밖에 없다. 신 앞에 홀로
선 구체적 개인, 그리스도라는 타자와의 관계 속에서 얻는
단독자의 위치에 서지 않는 한, 인간의 윤리적 결단과 자유
로운 선택은 또 하나의 인간적 오류에 빠져들 수밖에 없다.
그래서 그는 절망에서 완전히 벗어난 인간의 상태를 '자기
가 자기 자신에게 관계하면서 자기 자신이고자 할 때 자기
를 조정한 힘(타자) 가운데에 투명하게 자기의 근거를 두는
것'으로 거듭 강조한다. 그리고 이것은 곧 신앙을 통해 가
능하다는 점에서 그의 실존주의는 그리스도에 대한 신앙의
고백에 다름 아니다.

　　우리는 결국 그의 신앙 고백을 그리스도 없는 그리스
도교에 대한 비판으로, 또한 그가 말하는 그리스도가 기존
의 제도화된 교리에 대한 타자(차이)로서 제시되었다는 점
에서 타자를 배제한 채 전개되는 모든 사유에 대한 비판의
전형으로 읽을 수 있다.

〈2006 대입 서강대 논술 정시 인문 · 사회계열〉

■ 유의사항

1. 제목은 쓰지 말고 본문부터 시작할 것.

2. 수험번호, 성명 등 자기의 신상에 관련된 사항을 답안에 드러내지 말 것.

3. 답안의 글자 수는 띄어쓰기 포함.

◆ 다음 제시문을 읽고 물음에 답하라.

(가)

　　인간이란 정신이다. 정신이란 무엇인가? 정신이란 자기이다. 자기란 무엇인가? 자기란 자기 자신과 관계하는 관계이다. 즉 거기에는 관계가 자기 자신과 관계하는 것들이 포함돼 있다. 자기란 단순한 관계가 아니고, 관계가 자기 자신과 관계하는 바를 의미한다.

　　인간은 유한성과 무한성, 시간성과 영원성, 자유와 필연의 종합이다. 요컨대 인간이란 종합이다. 종합이란 양자 사이의 관계이다. 그러나 이것만으로는 인간은 아직 아무런 자기가 아니다.

양자 사이의 관계에서 관계 그 자체는 부정적 통일*로서의 제삼자이다. 그들 양자는 관계에 대해 관계하는 것이며, 그것도 관계 속에서 관계에 대해 관계하는 것이다. 예를 들면 인간이 영혼이라고 할 경우, 영혼과 육체의 관계는 그와 같은 관계이다. 이에 반해 관계가 그 자신에 대해 관계한다면, 이 관계야말로 적극적인 제삼자인 것이며, 그리고 이것이 자기인 것이다. (註* 여기서 부정적 통일은 정반합의 변증법적 과정으로서의 종합을 의미한다.)

자기 자신과 관계하는 그와 같은 관계는 자기를 스스로 정립한 것이거나 아니면 다른 사람에 의해 정립된 것이거나 이 둘 중 하나가 아니면 안 된다.

그런데 자기 자신과 관계하는 관계가 다른 사람에 의해 정립될 경우, 물론 그 관계는 제삼자인 셈이지만 그러나 그 관계, 즉 제삼자는 다시 또 모든 관계를 정립한 것과 관계하는 관계이기도 하다.

이와 같이 도출되어 정립된 관계가 바로 인간인 자기인 것이다. 그것은 인간이 자기 자신과 관계하는 것이요, 동시에 자기 자신과 관계하는 것처럼 그렇게 타자와 관계하는 관계이다.

―키에르케고르 〈죽음에 이르는 병〉에서

(나)

　　세계는 사람이 취하는 이중적인 태도에 따라서 사람에게 이중적이다. 사람의 태도는 그가 말할 수 있는 근원어의 이중성에 따라서 이중적이다. 근원어는 낱개의 말이 아니고 짝말이다. 근원어의 하나는 '나-너'라는 짝말이다. 또 하나의 근원어는 '나-그것'이라는 짝말이다.

　　…중략…

　　'나', 그 자체란 없으며 오직 근원어 '나-너'의 '나'와 근원어 '나-그것'의 '나'가 있을 뿐이다. 사람이 '나'라고 말할 때 그는 그 둘 중의 하나를 생각하고 있다. 그가 '나'라고 말할 때 그가 생각하고 있는 '나'가 거기에 존재한다. 또한 그가 '너' 또는 '그것'이라고 말할 때 위의 두 근원어 중 어느 하나의 '나'가 거기에 존재한다.

　　…중략…

　　정신이 독자적으로 삶 속에 작용해 들어가는 것은 결코 정신 자체가 아니며, '그것'의 세계를 변화시키는 힘에 의한 것이다. 정신이 자기에게 열려 있는 세계를 향하여 마주 나아가 그 세계에 자기를 바쳐서 세계와 그 세계에 속하여 자기를 구원할 수 있을 때, 정신은 참으로 '자기 자신'에 돌아와 있는 것이다. 이와 같은 일은 오늘날 산만하고 약화되고 변질되고 철저하게 모순에 빠진 지성이 다시 정신의 본질, 곧 '너'를 말할 수 있는 능력을 가지게 될 때 비로소 이루어진다.

'그것'의 세계에서는 인과율이 무제한으로 지배하고 있다. 감각적으로 지각되는 모든 '물리적'인 사건만이 아니라 또한 자기 경험 안에서 이미 발견되었거나 또는 발견되는 모든 '심리적'인 사건도 필연적으로 인과의 계열로 간주된다. 그 중에서 어떤 목적 설정의 성질을 가진 것으로 간주할 수 있는 사건들까지도 역시 '그것'의 세계에 연속체를 이루는 일부로서 인과율의 지배로부터 자유롭지 않다.

…중략…

인과율이 '그것'의 세계에서 무한정한 지배력을 갖는다는 것은 자연의 과학적 질서를 위해서 근본적으로 중요하다. 그러나 그것이 사람을 억압하지는 못한다. 왜냐하면 사람이란 '그것'의 세계에만 속박되어 있지 않고, 거기에서 벗어나 몇 번이고 되풀이하여 관계의 세계로 들어갈 수 있기 때문이다. 이 관계의 세계에서 '나'와 '너'는 서로 자유롭게 마주 서 있으며, 어떠한 인과율에도 얽매이지 않고 물들지 않은 상호관계에 들어선다. 이 관계의 세계 속에서 사람은 자기의 존재 및 보편적 존재의 자유가 보장되어 있음을 알게 된다. 관계를 알며 '너'의 현존을 아는 사람만이 결단할 수 있는 능력을 가지고 있다. 결단하는 사람만이 자유롭다. 왜냐하면 그는 '너'의 면전에 나아간 것이기 때문이다.

…중략…

관계의 목적은 관계 자체, 곧 '너'와의 접촉이다. 왜냐하면 '너'와의 접촉에 의하여 '너'의 숨결, 곧 영원한 삶의 입김이 우리를 스치기 때문이다.

관계 속에 서 있는 사람은 현실에 관여한다. 즉 그는 존재에 그저 맞닿아 있는 것도 아니고, 존재 밖에 있는 것도 아니다. 바로 존재에 관여하고 있는 것이다. 모든 현실은 하나의 작용이다. 나는 그것을 내 소유로 삼을 수는 없지만 그 작용에 관여하고 있다. 관여가 없는 곳에는 현실이 없다. 자기 독점이 이루어지는 곳에는 현실이 없다. 관여는 직접적으로 '너'와 접촉하는 것이며, 그럴수록 그만큼 더 완전하다.

—마르틴 부버 〈나와 너〉에서

(다)

인터넷을 사용하는 두 마리 개를 그린 유명한 만화가 있다. 한 마리가 자판을 두드리며 다른 개에게 말한다. "인터넷에서는 우리가 개라는 걸 아무도 모를 거야." 여기에 이런 말도 추가할 수 있지 않을까. "우리가 어디에 있는지도 모를 거야."

뉴욕에서 도쿄까지는 대략 14시간이 걸린다. 나는 비행기 안에서 40~50개에 달하는 전자우편물을 작성하는 데 대부분의 시간을 보낸다. 내가 호텔에 도착해서 관리인에게 이것을 팩시밀리로 보내달라고 요청하는 상황을 그려 보라. 그 정도 양이면 단체 우편물로 간주될 것이다. 그러나 전자우편으로 이것을 보내면 아주 빠르고 손쉽게 처리할 수 있다. 나는 이것을 특정 장소가 아니라 특정인에게 보낸다. 사람들은 도쿄가 아니라 나에게 메시지를 보내는 것이다.

전자우편은 당신이 어디에 있는지 몰라도 누구나 당신에게 우편물을 보낼 수 있는 이동성을 제공한다. 전자우편은 여행중인 세일즈맨에게 아주 적합하다. 그런데 전자우편과 항상 접속되어 있도록 하는 과정은 디지털 생활에서 비트와 아톰 간의 차이에 대해 흥미로운 질문을 제기한다.

…중략…

거기서 나는 여러 개의 이름으로 인터넷 안으로 들어갈 수 있다. 세계 곳곳에서 인터넷과 접속하는 것은 마술이다.

─니콜라스 네그로폰테 〈디지털이다〉에서

(라)

지난 27일 프랑스 의료진은 세계 최초로 안면 이식 수술에 성공했다. 이 수술을 집도한 의사는 "수술 받은 여성이 24시간 뒤에 서서히 의식을 회복했다"면서 "마취에서 깨어나자마자 '감사해요'라는 첫 마디를 던졌다"고 전했다.

신원이 공개되지 않은 올해 38세의 이 여성은 지난 5월 개에게 물려 코와 입술을 잃어 제대로 말을 하거나 음식

물을 씹을 수가 없는 상태여서 뇌사 상태의 여성으로부터 기증받은 피부 조직과 근육, 동맥, 정맥을 이식하는 대수술을 받았다.

코와 입술, 턱 부분이 이식된 이번 수술은 세계 최초의 사례로 기록됐고, 수술 집도의는 프랑스 남동부 리옹 소재 병원의 전문의인 장-미셸 뒤베르나르와 아미앵대학병원의 전문의 베르나르 드보셸이었다.

프랑스에서 세계 최초로 성공을 거둔 이번 안면 이식 수술은 화상이나 사고로 얼굴이 망가진 사람들에게 희망의 빛을 던져 주었지만, 이 수술로 다른 사람의 얼굴 모양을 할 수 있어 본인이나 가족, 주변 사람들에게 충격을 줄 수 있다는 논란도 있었다.

—리옹 AP=연합뉴스에서

[문항 1] 과학 기술의 발달에 따라 인간의 실존적 상황이 달라질 수 있다. 이와 관련한 현대 사회의 특징적인 두 단면을 제시문 (다), (라)는 보여준다. 제시문 (가), (나)의 논지를 요약한 후, 이를 구체적 논거로 활용하여 (다), (라)가 시사하는 문제점 중 공통점을 중심으로 논술하라(800~900자, 배점 60%).

◆ 앞의 제시문 (가), (나)와 다음 제시문을 읽고 물음에 답하라.

(마)

약 한 세기 전의 한국. 이 무렵 나라 곳곳에선 한센병 환자들이 상당히 늘어나 사회문제가 된 일이 있었다. 후일 정부 당국에서는 한 낙도에 한센병 환자들의 전문치료병원을 건립하고, 모든 육지의 환자들을 그 섬 안에다 강제 수용시킨다. 그러자 섬에서는 환자들의 탈출극이 빈발한다. 목숨을 걸고 섬을 탈출해 나가는 환자들이 그치질 않는다. 이럴 무렵 능력 있는 의사가 병원의 새 원장으로 부임해 온다. 그리고 거의 절대에 가까운 통치권으로 이 섬과 섬의 환자들을 관리하고 지배해 나간다.

그는 우선 환자들의 탈출을 막는 데에 전력을 기울인다. 탈출 사고가 빈발하는 이유가 그에게는 너무도 명백하다. 그는 섬 안에 환자들의 낙원을 꾸미기를 희망한다. 환자들의 병을 잘 치료해 주고, 주거환경을 개선하고, 복지시설을 늘리고, 노동량을 줄여주며, 신앙의 자유와 가족 단위의 생활 대책을 확보해 준다. 그런 식으로 그는 그 스스로 어느 정도 만족할 만한 환자들의 낙원을 꾸며 놓는다.

하지만 그래도 환자들의 탈출극은 그치지 않는다. 계속되는 탈출 사건은 원장이 꾸미려는 섬의 낙원에 대한 노골적인 야유이자 부정의 시위인 것이었다. 원장과 환자들 사이의 싸움은 끝없이 계속된다. 그리고 마침내 원장은 깨닫는다.

—이청준 〈말없음표의 속말들〉에서

[문항 2] 제시문 (가), (나)의 논거를 구체적으로 활용하여, (마)에서 원장이 깨달은 바의 핵심 내용을 추론하라.(500~600자, 배점 40%)